Ines Reich · Maria Schultz (Hrsg.)
Sowjetisches Untersuchungsgefängnis Leistikowstraße Potsdam

INES REICH · MARIA SCHULTZ (Hrsg.)

Sowjetisches Untersuchungsgefängnis Leistikowstraße Potsdam

METROPOL

Schriftenreihe der Stiftung Brandenburgische Gedenkstätten, Band 33

Umschlagbild: Erik-Jan Ouwerkerk, 1994

ISBN: 978-3-86331-072-1

2. Auflage 2019

© 2012 Metropol Verlag
Ansbacher Straße 70
10777 Berlin
www.metropol-verlag.de
Alle Rechte vorbehalten
Druck: buchdruckerei.de, Berlin

Inhalt

Grußwort von Heinz Schwollius **7**

Grußwort von Witold Abankin **9**

Einleitung von Ines Reich **11**

Blick in die Dauerausstellung **17**

Sowjetisches Untersuchungsgefängnis Leistikowstraße **25**

Zweiter Weltkrieg – Besatzung – Kalter Krieg **26**

Sowjetische Geheimdienste in der Sowjetischen Besatzungszone **27**

Die sowjetische Geheimdienststadt „Militärstädtchen Nr. 7" in Potsdam **39**

Die sowjetische Militärspionageabwehr in Deutschland **49**

Die geheimdienstliche Ermittlungsarbeit der militärischen Spionageabwehr **61**

Der Überläufer Rafail Goldfarb **77**

Verurteilt. Verschleppt. Verschwiegen. Prozesse, Strafverbüßung und Leben nach der Haft **95**

Die Häftlinge **100**
Häftlinge 1945 bis 1947 ..... **101**
Häftlinge 1948 bis 1955 ..... **135**
Häftlinge 1955 bis 1991 ..... **173**

Haftbedingungen im Gefängnis Leistikowstraße. Ehemalige Häftlinge berichten **187**
Verhaftung und Ankunft **188**
Unterbringung und Mitgefangene **190**
Versorgung und Hygiene **191**
Tagesablauf und Selbstbehauptung **193**
Gefängnispersonal **194**
Verhöre und Prozess **195**

Häftlingsinschriften **197**

Geschichte des Ortes **209**

Abkürzungsverzeichnis **227**
Personenregister **229**
Danksagung und Leihgeberverzeichnis **231**
Impressum **236**

Grußwort

Die Leistikowstraße 1 war einst eine Stätte, an der Menschlichkeit und christliche Werte prägend waren. 1945, nach dem Zusammenbruch der NS-Diktatur und dem Ende eines barbarischen Krieges, war diese Periode abrupt vorbei, denn nun nahm die sowjetische Besatzungsmacht das Gebäude in Besitz und schuf damit die Grundlage für das spätere „geheime Städtchen".

Viele unschuldige Menschen, auch Schuldige nach den nun geltenden Gesetzen, litten in der Folgezeit bei den Verhören und in den Todeszellen unter Folter und Quälereien der von unbändigem Hass erfüllten, diktatorisch geprägten Menschen. Das Ausmaß an Leid, das die neuen Machthaber hervorriefen, kann sich kaum jemand vorstellen.

Daran zu erinnern ist die Aufgabe aller, die diese Hölle überlebt haben. Die persönlichen Erinnerungen und dieses Gebäude bieten eine einmalige Gelegenheit, kommenden Generationen aufzuzeigen, wie menschenverachtend Diktaturen sind. Niemand, der dieses Haus betritt, kann – wie schon einmal – sagen: „Davon habe ich nichts gewusst."

Diese Floskel hörte man überall von den Älteren, während wir, die wir als Kinder in der Zeit des Nationalsozialismus aufgewachsen waren, nichts ahnend und nichts wissend, als Jungen und Mädchen das Ende des Krieges erlebten. Niemand von uns ahnte, was sich in der Vergangenheit abgespielt hatte, welches Unrecht geschehen war.

Das bisherige Bild, das man uns jahrelang suggeriert hatte, war zerbrochen, und deshalb sahen wir hoffnungsvoll der Zukunft entgegen. Diese Hoffnungen wurden aber sehr schnell durch die Ängste und Schrecken getrübt, die die sowjetischen Soldaten verbreiteten. Viele fürchteten um ihr Leben, vor allem die Frauen. Trotz allem war ich bereit, bei der Antifa mitzuwirken, bis zu dem Tag, als Major Klujew erklärte, dass es keine antifaschistische, sondern nur eine kommunistische oder faschistische Jugend gebe und wir der KPD beitreten müssten.

Dazu war ich allerdings nicht bereit, da ich weder etwas vom Kommunismus noch von der KPD wusste. Dies war dann auch das Ende eines neuen Abschnittes in meinem Leben, der schnell begann und ebenso schnell endete. Meine Verwandten drängten mich, Potsdam zu verlassen, doch ich sah keinen Anlass dazu. Potsdam war meine Heimat, und in die war ich auf sehr beschwerlichem Weg von Lindau am Bodensee 1945 zurückgekehrt.

Wenn man die Entwicklung dieser Zeit mit dem notwendigen Abstand betrachtet, dann ist der damalige Hass auf alle Deutschen verständlich. Dass man aber besonders die Jugendlichen, die im sogenannten Dritten Reich Kinder waren, als Gefahr für die Besatzungsmacht betrachtete, diente wohl nur dem einem Zweck, diesen Bevölkerungsanteil zu reduzieren und Arbeitskräfte für die Sowjetunion zu rekrutieren, so wie sie es bisher immer gemacht hatten.

Wenn wir uns heute erinnern und die Frage aufwerfen, die wir uns in der U-Haft oft gestellt haben: „Warum, wir haben doch nichts gemacht?", dann bekommt man zur Antwort, dies sei „die Folge der Taten gewesen, die von Deutschen in der Vergangenheit begangen wurden". Weshalb diese Frage nicht gestellt werden kann. Heute leben wir in einem Rechtsstaat und wissen, dass sich ein solches Unrecht an unzähligen Menschen nicht wiederholen darf. Dass so etwas nicht noch einmal passiert, daran zu arbeiten, aufzuklären und ständig daran zu erinnern, dies ist unsere moralische Verpflichtung.

Nun sind die jahrelangen Arbeiten am Gebäude der Leistikowstraße 1, um die Gedenkstätte auf Dauer zu erhalten, abgeschlossen. Damit ist den Menschen der heutigen und folgenden Generationen die Möglichkeit gegeben, nachzuvollziehen, welche Folgen Diktaturen auslösen und zu welchem Ende sie führen. Gleichzeitig ist die Gedenkstätte ein Mahnmal, das die Schicksale unzähliger Menschen vor der Vergessenheit schützt und ihnen ein dauerndes Andenken bewahrt.

Stuttgart, November 2011
Heinz Schwollius, ehemaliger Häftling des Gefängnisses Leistikowstraße

Grußwort

Ich danke allen Freunden in Deutschland, die das ehemalige KGB-Gefängnis in der Leistikowstraße 1 in Potsdam erhalten haben und dort eine Gedenk- und Begegnungsstätte errichteten. Soweit ich weiß, gibt es in keinem der Länder des ehemaligen Ostblocks ein ähnliches Museum. Hier wird jener Menschen gedacht, die dem totalitären sowjetischen Regime und den Tschekisten nicht genehm waren und deshalb im Gefängnis landeten; jener Menschen, die hinter den KGB-Gefängnismauern litten, die in die Sowjetunion deportiert wurden und dort in den Lagern ihre Gesundheit oder ihr Leben verloren haben. Die KPdSU und der KGB tragen Schuld daran, dass deutsche politische Häftlinge, aber auch Millionen sowjetischer Bürger – jene, die die sowjetische Realität nicht akzeptieren wollten, die gegen die Verletzung der Menschenrechte auftraten und Freiheit und Gerechtigkeit einforderten – durch die Gefängnisse und Lager gegangen sind.

Die Tschekisten hatten den Gläubigen ihre Kirche genommen, sie mit Stacheldraht umgeben, die Fenster vergittert, Wachtürme errichtet, Freigangzellen gebaut und diese Filiale des Gulag in Deutschland aufgebaut, um Menschen einzusperren, die die Sowjetmacht und die von der UdSSR installierte DDR-Regierung ablehnten. Dieses Gefängnismuseum wird den heutigen und späteren Generationen vor Augen führen, was geschehen kann, wenn die Menschenrechte missachtet werden, wenn die Menschen schweigen und ihre Rechte nicht einfordern. Nur dann kommen die Henker an die Macht. Sie kommen, wenn sich Schweigen, Gleichgültigkeit und Feigheit breitmachen. Diese Henker verwandeln die Menschen in Lagerstaub und machen sie zum Werkzeug ihrer ideologischen Pläne. Sie tyrannisieren Völker und entfesseln Kriege.

Damit solche totalitären Regime in Europa, in Russland und in der ganzen Welt nicht wieder Fuß fassen, brauchen wir dieses Museum. Die Menschen sollen sich erinnern und das Leid nachempfinden können. Sie sollen Wissen vermittelt bekommen, damit sie die Verletzung ihrer Rechte und ihrer Würde nicht zulassen.

Im Namen der politischen Häftlinge aus der ehemaligen Sowjetunion – der toten und der noch lebenden – danke ich den deutschen Freunden für die Errichtung dieser Gedenkstätte und die damit verbundene Arbeit.

Rostow am Don, Dezember 2011
Witold Abankin, ehemaliger Häftling des Gefängnisses Leistikowstraße

Aus dem Russischen übersetzt von Natalja Jeske.

Einleitung

Mit der Eröffnung der Dauerausstellung am 18. April 2012 nimmt die Gedenk- und Begegnungsstätte Leistikowstraße Potsdam den Vollbetrieb auf. Damit endet ein fast 18-jähriges Ringen um den dauerhaften Erhalt des ehemaligen Gefängnisgebäudes und die Etablierung einer Gedenkstätte, das nach dem Abzug der russischen Truppen aus Deutschland und der damit verbundenen Rückgabe des Hauses an den Evangelisch-Kirchlichen Hilfsverein (EKH) im August 1994 begonnen hatte.

Im Gebäude der Leistikowstraße 1 befand sich von Sommer 1945 bis 1991 das zentrale Durchgangs- und Untersuchungsgefängnis der sowjetischen militärischen Spionageabwehr. Der Geheimdienst hielt dort Häftlinge aus der gesamten Sowjetischen Besatzungszone (SBZ) und der DDR gefangen, verhörte sie und zwang sie insbesondere in den ersten Jahren mit psychischer und physischer Gewalt zu Geständnissen. In den mehr als vier Jahrzehnten seines Bestehens waren Frauen und Männer, Jugendliche und Erwachsene, Deutsche und Ausländer, in ihrer großen Mehrheit Bürger der Sowjetunion, im Gefängnis Leistikowstraße eingesperrt. Nach 1955 verhaftete die Spionageabwehr ausschließlich Militärangehörige und Zivilangestellte der in Deutschland stationierten Truppen der Sowjetarmee.

Sowjetische Militärtribunale verurteilten die Gefangenen meist zu langjährigen Haftstrafen oder sogar zum Tode. Zur Verbüßung der Haftstrafen wurden die Gefangenen in die Speziallager und Gefängnisse in der SBZ/DDR, in den sowjetischen Gulag oder in sowjetische Gefängnisse transportiert. Es gibt kaum eine zweite Haftanstalt, die in so beklemmender Authentizität erhalten geblieben ist wie das zum Gefängnis umgebaute ehemalige Pfarrhaus der vom EKH gegründeten Evangelischen Frauenhilfe.

Am ehemaligen Gefängnisort entwickelte sich ab Mitte der 1990er-Jahre mit Unterstützung des Eigentümers schnell ein lebendiges bürgerschaftliches Engagement unter aktiver Beteiligung ehemaliger Häftlinge. Ehrenamtliche hielten das Haus nach Bedarf und ab dem Jahr 2000 regelmäßig von Mai bis Oktober an den Wochenenden für Besucher offen. Neben Führungen fanden Zeitzeugengespräche, Schülerprojekte und Buchpräsentationen statt. Im Rahmen der ehrenamtlichen Tätigkeit entstand unter Federführung der Menschenrechtsorganisation Memorial Deutschland e. V. (bis 2001 Förderverein für MEMORIAL St. Petersburg e. V.) die Ausstellung „Von Potsdam nach Workuta", die erstmals die Geschichte des sowjetischen Untersuchungsgefängnisses und das Schicksal der inhaftierten Menschen dokumentierte. Sie war von 1997 bis 2005 – zwischenzeitlich überarbeitet, erweitert und um kleinere Ausstellungen ergänzt – im Haus zu sehen. Dazu erschienen Kataloge und Begleitbände, aber auch Erinnerungsberichte von ehemaligen Häftlingen wie die von Günter Martins oder Marlise Steinert.

Im Jahr 1999 gründeten der Pfarrer der Potsdamer Friedenskirche Christian Albroscheit und die Berliner Historikerin Gisela Kurze die Arbeitsgemeinschaft Gedenk- und Begegnungsstätte Ehemaliges KGB-Gefängnis. Daraus ging im August 2003 der Verein Gedenk- und Begegnungsstätte Ehemaliges KGB-Gefängnis Potsdam e. V. hervor. Im Jahr 2006 lobte der EKH als Eigentümer und Bauherr einen

MEMORIAL Deutschland e. V. zeigt im ehemaligen Gefängnis die Ausstellung „Von Potsdam nach Workuta"
Foto: Barbara Wätzel, 2007

begrenzt offenen Realisierungswettbewerb für die Sanierung des Gefängnisgebäudes und die Errichtung eines Besucherzentrums für eine künftige Gedenk- und Begegnungsstätte aus, der in den Jahren 2007 bis 2008 nach den Entwürfen des Münchner Architekten Wolfgang Brune realisiert wurde. Die Mittel dafür stellten der Beauftragte der Bundesregierung für Kultur und Medien und das Ministerium für Wissenschaft, Forschung und Kultur des Landes Brandenburg zur Verfügung.

Im Dezember 2008 wurde die unselbstständige Stiftung Gedenk- und Begegnungsstätte Leistikowstraße unter Beteiligung des Beauftragten der Bundesregierung für Kultur und Medien und des Ministeriums für Wissenschaft, Forschung und Kultur des Landes Brandenburg gegründet. Sie wird von der Stiftung Brandenburgische Gedenkstätten treuhänderisch verwaltet. Stifter ist der EKH, der als Eigentümer das ehemalige Gefängnisgebäude und das neu erbaute Besucherzentrum in die Stiftung einbrachte. Die Gründung der Stiftung war die Voraussetzung für den Aufbau einer modernen Gedenkstätte, die sich als zeithistorisches Museum mit besonderen humanitären und bildungspolitischen Aufgaben versteht. Die Gedenkstätte nahm am 29. März 2009 mit einem „Tag der offenen Tür" ihre Arbeit auf. Im Zentrum standen die Vorbereitungen für die Dauerausstellung. Sie soll nicht nur den Kontext von Kriegsende, Entnazifizierung, Besatzungsherrschaft und Kaltem Krieg sowie die komplexen Verflechtungen sowjetischer Geheimdienstaktivitäten in der Sowjetischen Besatzungszone und in der DDR veranschaulichen, sondern vor allem die Lebensgeschichten und Hafterfahrungen der Inhaftierten darstellen und bei den Besuchern Empathie für deren Schicksal wecken. Trotz der Vorbereitungsarbeiten fanden in der Gedenkstätte regelmäßige Führungen statt – an den Wochenenden für Einzelbesucher und mittwochs für Schulklassen. In dieser Zeit besuchten rund 10 000 Menschen die Gedenkstätte.

EINLEITUNG

Grundsteinlegung für das Besucherinformationszentrum der Gedenkstätte
Foto: Barbara Wätzel, 2007

Konzeption und Gestaltung der Ausstellung

Heute zeigt das ehemalige Gefängnisgebäude authentische Spuren der verschiedenen baulichen Veränderungen und Relikte der originalen Einrichtung. Während die oberen Geschosse die Haftsituation der Spätphase veranschaulichen, dokumentiert der Keller sehr eindrucksvoll die katastrophalen Haftbedingungen der Frühphase. Damit besitzt das Gefängnisgebäude in Umfang und Qualität einen einzigartigen Erhaltungszustand, das es zum zentralen Exponat der Dauerausstellung macht. Seine Anmutungsqualität ist in besonderer Weise geeignet, bei Besuchern sinnliche Vorstellungen von sowjetischer Repression mit Isolation, Entrechtung, physischer sowie psychischer Entkräftung, Gewalterfahrung und Tod zu erzeugen.

Die Ausstellung zur Geschichte des zentralen Untersuchungsgefängnisses der sowjetischen militärischen Spionageabwehr wurde für das Gefängnisgebäude unter Berücksichtigung konservatorischer, historischer und gedenkstättendidaktischer Überlegungen konzipiert. Außerdem mussten Auflagen der Bauaufsicht für die Nutzung des denkmalgeschützten Hauses als Gedenkstätte beachtet werden. Die Herausforderung an das Ausstellungsteam bestand darin, alle diese Aspekte in einer Gesamtkonzeption zu berücksichtigen und die so entwickelten Ausstellungsthemen innerhalb eines Rundgangs im Gebäude zu verorten. Es galt, den Ort „zum Sprechen" zu bringen, ohne ihn mit Ausstellunginhalten und -architektur zu überladen. Die vom Berliner Architekturbüro Gerhards & Glücker konzipierte Ausstellungsgestaltung unterstützt die Aussage des historischen Gebäudes. Die Ausstellungselemente sind in der Mitte der teilweise sehr kleinen Räume konzentriert, damit Besucher die Spuren und Inschriften an den Wänden sehen können. Sie sind kompakt, funktional und zurückhaltend in Material und Farbe gestaltet.

Das ehemalige Gefängnis und das Besucherinformationszentrum der Gedenkstätte
Foto: Friedemann Steinhausen, 2010

Der Ausstellungsrundgang beginnt im Obergeschoss und erschließt das ehemalige Gefängnisgebäude chronologisch-thematisch. Die Ausstellung folgt dabei zum einen der Nutzungsgeschichte der Etagen und Räumlichkeiten. Zum anderen berücksichtigt sie den Grad der Authentizität der jeweiligen Etagen, der innerhalb des Hauses nicht gleichmäßig verteilt ist, sondern vom Obergeschoss bis zum Kellergeschoss sichtbar zunimmt. Das Ausstellungsvolumen reduziert sich deshalb deutlich von Etage zu Etage. Im Obergeschoss wird die Mehrzahl der Ausstellungsthemen präsentiert, weil der Grad der Überformung dort am größten und damit die Authentizität vergleichsweise geringer ist. In der ehemaligen Diele findet der Besucher zunächst ein einführendes Ausstellungskapitel zur Geschichte des Ortes. Im westlichen Obergeschoss, im sogenannten Vernehmerflügel, befanden sich nach 1945 Büros und Vernehmerzimmer des Geheimdienstes. Dort sind die Ausstellungskapitel angesiedelt, die die Geschichte des Gefängnisses in den zeithistorischen Kontext und in die Geschichte der sowjetischen Geheimdienste einordnen. Einen Schwerpunkt der Ausstellung bilden die Schicksale ehemaliger Häftlinge, insgesamt werden auf den drei Etagen der Ausstellung 50 Lebensgeschichten thematisiert. Neunzehn ausführliche Häftlingsbiografien findet der Besucher in drei Räumen im südlichen Flügel des Obergeschosses, in denen der Geheimdienst Häftlinge in Sammelzellen einsperrte. Im Erdgeschoss kann sich der Besucher in Medienstationen zum Haftalltag vertiefen. In jeder Medienstation kommen fünf Zeitzeugen zu Wort: Frauen und Männer, deutsche und sowjetische Häftlinge. Sie waren zu jeweils anderen Zeiten am Ort inhaftiert und berichten von unterschiedlichen Erfahrungen mit der Verhaftungspraxis, mit dem Haftregime und dem Haftalltag. Im Kellergeschoss kommen Ausstellungselemente nur sparsam zum Einsatz, um die Aura des Ortes nicht zu zerstören. Auflagen der zuständigen Ordnungsbehörden erlauben es den Besuchern in den engen

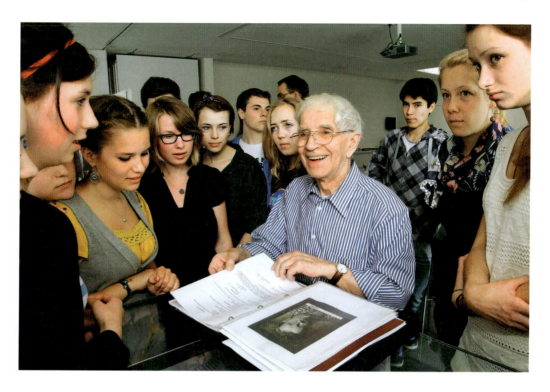

Der ehemalige Häftling Peter Seele im Gespräch mit Potsdamer Schülern
Foto: Hagen Immel, 2011

Kellergängen nur, den Westflügel zu besichtigen. Außerdem dürfen die Zellen aus konservatorischen Gründen nicht betreten werden, denn die Inschriften müssen vor mechanischem Abrieb geschützt werden, um sie dauerhaft zu erhalten. In zwei Zellen werden die Häftlingsinschriften exemplarisch sichtbar gemacht. Besucher lernen dort die Schicksale von acht „Inschriftenautoren" kennen. Jede Etage besitzt damit einen eigenen Präsentationscharakter.

Der vorliegende Katalog dokumentiert die gesamte Ausstellung mit allen Texten und zahlreichen Abbildungen von vielen der gezeigten Dokumente, Fotos und Objekte.

Danksagung

Großen Dank schulden die Ausstellungsmacher den vielen ehemaligen Häftlingen und deren Angehörigen, die das Projekt freundlich begleitet und ihre Erfahrungen eingebracht haben. Sie stellten sich für Interviews zur Verfügung, berieten uns in fachlichen Fragen durch Gespräche und Auskünfte oder stellten Exponate zur Verfügung. Sie trennten sich dabei häufig von Erinnerungsstücken, die sie über Jahrzehnte aufbewahrt hatten.

Mein besonderer Dank gilt Maria Schultz, die mit mir die Projektleitung ausübte. Die Mitglieder des Ausstellungsteams der Gedenk- und Begegnungsstätte, deren Namen im Impressum genannt werden, erarbeiteten die wissenschaftlichen Grundlagen, interviewten und betreuten Zeitzeugen, recherchierten und verwalteten Exponate, schrieben die Ausstellungstexte und organisierten reibungslose Abläufe.

Das Vorhaben wurde in Treuhänderschaft der Stiftung Brandenburgische Gedenkstätten begleitet und verantwortet. Dafür danke ich sehr herzlich Prof. Dr. Günter Morsch. Seine Erfahrungen und sein Rat haben mir sehr geholfen. Auch zahlreiche Kolleginnen und Kollegen der Stiftung, insbesondere der Geschäftsstelle, waren in die Planung und Realisierung eingebunden.

An der Entwicklung und Ausgestaltung der inhaltlichen, textlichen und gestalterischen Konzeption beteiligten sich die Mitglieder des Kuratoriums und des Beirats der Stiftung Gedenk- und Begegnungsstätte Leistikowstraße Potsdam mit fachlichem Rat. Ihnen gilt mein Dank ebenso wie den Mitgliedern der Jury des Gutachterverfahrens, die unter der Leitung der Gedenkstättenexpertin Prof. Dr. Stefanie Endlich die eingereichten Entwürfe verschiedener Gestalterbüros begutachteten. Die Zusammenarbeit mit dem Verein Gedenk- und Begegnungsstätte Ehemaliges KGB-Gefängnis Leistikowstraße Potsdam e. V. war leider nicht konfliktfrei. Wir danken dem Vorstand und den Mitgliedern dafür, dass sie dennoch den Aufbau der Gedenkstätte mit Engagement und Interesse begleiteten.

Wir erhielten bei der Erarbeitung der Ausstellung bereitwillige Unterstützung und Hilfe von zahlreichen Archiven, Museen, Gedenkstätten und anderen Einrichtungen. In der Startphase stellte Gisela Kurze erste Dokumentenkopien, Fotos und transkribierte Zeitzeugeninterviews aus der Sammlung von MEMORIAL Deutschland e. V. zur Verfügung. Wichtige Quellen verdanken wir den bestehenden Kooperationen mit dem Staatsarchiv der Russischen Föderation (GARF) in Moskau und dem Lettischen Staatsarchiv in Riga. Zahlreiche Privatpersonen unterstützten das Vorhaben ebenfalls mit Schenkungen und Leihgaben. Dafür sei allen Personen und Institutionen sehr herzlich gedankt.

Die Ausstellung wurde realisiert mit freundlicher Unterstützung des Beauftragten der Bundesregierung für Kultur und Medien aufgrund eines Beschlusses des Deutschen Bundestages, des Ministeriums für Wissenschaft, Forschung und Kultur des Landes Brandenburg sowie der Ostdeutschen Sparkassenstiftung gemeinsam mit der Mittelbrandenburgischen Sparkasse. Allen Mittelgebern möchte ich an dieser Stelle ganz herzlich danken.

Dank gilt weiterhin dem Berliner Architektenbüro Gerhards & Glücker, die die Ausstellungsarchitektur entwickelten und realisierten. Es ist ihnen in überzeugender Weise gelungen, das Gebäude und die Ausstellung zu einer ästhetischen Einheit verwachsen zu lassen, die beiden Elementen einen eigenen Stellenwert einräumt.

Potsdam, März 2012
Ines Reich

Blick in die Dauerausstellung

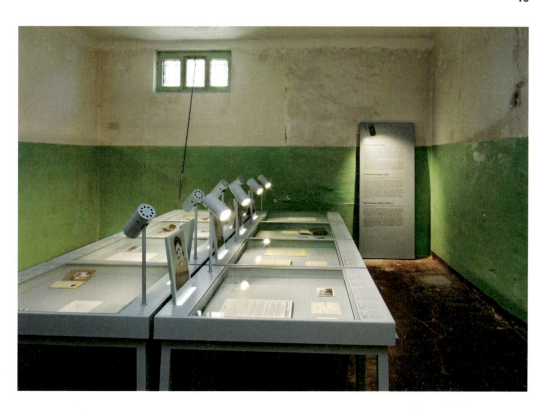

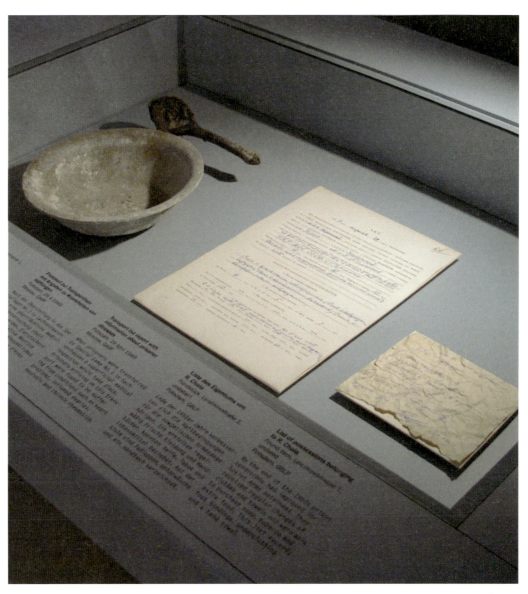

Fotos: Hagen Immel, 2012

Bronzemodell der sowjetischen Geheimdienststadt „Militärstädtchen Nr. 7" im Außenbereich der Gedenkstätte, 2015
Foto: Hagen Immel
GBLP, Potsdam

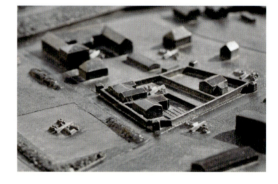

Sowjetisches Untersuchungsgefängnis Leistikowstraße

Zwischen dem Pfingstberg und dem Neuen Garten in Potsdam befand sich zwischen 1945 und 1994 eine der Zentralen der sowjetischen Geheimdienste in Deutschland. Innerhalb dieses Areals nutzte die militärische Spionageabwehr von 1945 bis 1991 das Haus Leistikowstraße 1 als Untersuchungsgefängnis. Bis 1955 waren sowjetische Staatsbürger, aber auch Deutsche und Menschen anderer Nationalitäten inhaftiert, danach ausschließlich sowjetische Militärangehörige.

Wie viele Deutsche und Sowjetbürger unter menschenunwürdigen Bedingungen gefangen gehalten wurden, ist nicht bekannt.

Diese Ausstellung informiert über die Geschichte des Hauses und das Schicksal der hier Inhaftierten.

Zweiter Weltkrieg – Besatzung – Kalter Krieg

Mit dem Überfall auf Polen begann das nationalsozialistische Deutschland am 1. September 1939 den Zweiten Weltkrieg. Dieser Krieg, der vor allem in Osteuropa als beispielloser, rassistisch und antisemitisch motivierter Eroberungs- und Vernichtungskrieg geführt wurde, kostete weltweit über 50 Millionen Menschen das Leben, darunter schätzungsweise 27 Millionen Bürgern der Sowjetunion. Die nach Westen vorrückenden Soldaten der Roten Armee waren von den Erfahrungen des stalinistischen Terrors ebenso wie von der Zerstörung und Verwüstung dieses Vernichtungsfeldzuges geprägt.

Mit dem Sieg über Nazi-Deutschland standen die Alliierten vor der Herausforderung, eine neue politische Ordnung zu etablieren. Von deutschem Boden sollte nie wieder Krieg ausgehen. Entnazifizierung, Demilitarisierung, Demokratisierung, Dezentralisierung – auf diese Ziele hatten sich die Alliierten geeinigt. Während in den drei von den westlichen Alliierten besetzten Zonen Kurs auf Demokratie und Marktwirtschaft genommen wurde, schuf die Sowjetunion die Rahmenbedingungen für die Errichtung einer neuen Diktatur in Ostdeutschland.

Sowjetische Geheimdienste in der Sowjetischen Besatzungszone

Mit der Roten Armee kamen 1945 vier sowjetische Geheimdienste nach Deutschland. Sie waren wichtige Instrumente bei der Durchsetzung und Sicherung der Besatzungsherrschaft und dem Aufbau einer neuen Diktatur nach sowjetischem Vorbild.

Die Geheimdienste stützten sich dabei auf Feindbilder, die seit den Tagen der Tscheka – der ersten, 1917 gegründeten sowjetischen Geheimpolizei – prägend waren.

Kennzeichnend für die sowjetischen Geheimdienststrukturen waren häufige Kompetenzüberschneidungen und Konkurrenz zwischen parallel operierenden Organen.

Auf der Grundlage des Befehls Nr. 00315 nahmen sie Verhaftungen von Deutschen und von Sowjetbürgern im Spannungsfeld zwischen Entnazifizierung und Herrschaftssicherung vor. Federführend dabei war bis Ende 1946 der Geheimdienstapparat des Volkskommissariats bzw. des Ministeriums für Innere Angelegenheiten (NKWD/MWD). Ihm unterstanden eigene Truppen, Speziallager und Gefängnisse. Die militärische Spionageabwehr unterstützte den NKWD bei diesen Repressionsmaßnahmen. Sie unterhielt ebenfalls Gefängnisse.

Emblem der sowjetischen Staatssicherheit KGB
Fundstück, undatiert
Bundesanstalt für Immobilienaufgaben, Potsdam

„Schild und Schwert" sind das Symbol der sowjetischen Geheimdienste. Das Schild steht für den Schutz der Revolution von 1917, das Schwert für die Vernichtung der Feinde und damit für den Terror, mit dem die Macht der kommunistischen Partei abgesichert wurde.

Traditionslinien und Aufgaben der Spionageabwehr

Die Bolschewiki gründeten nach der Oktoberrevolution 1917 zwei wichtige Machtstützen – die Geheimpolizei Tscheka und die Rote Armee. Für die Kontrolle der Militärangehörigen war eine spezielle Abteilung gebildet worden, die sogenannte Sonderabteilung der Tscheka.

Sie wurde 1943 dem Volkskommissariat für Verteidigung unterstellt und in „Hauptverwaltung Smersch" umbenannt. „Smersch" ist ein russisches Kurzwort für „Smert' schpionam", was „Tod den Spionen" bedeutet. 1946 wurden Name und Unterstellungsverhältnis wieder geändert. Am Selbstverständnis der Militärtschekisten änderte sich hingegen nichts.

Die Aufgabe der militärischen Spionageabwehr war die nachrichtendienstliche Abwehr von Militärspionage gegen die eigenen Truppen und die Kontrolle von sowjetischen Militärangehörigen, der Repatrianten und des deutschen Personals sowjetischer Einrichtungen. Bei den Repatrianten handelte es sich um ehemalige Zwangsarbeiter und Kriegsgefangene des NS-Regimes oder dessen Verbündeten, die nach 1945 als Verräter angesehen und zum Teil in Gulag-Lager deportiert wurden.

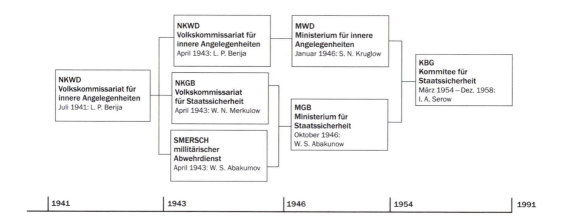

Strukturveränderungen der sowjetischen Geheimdienste

**Lawrenti P. Berija,
1938–1946 Volkskommissar
für Innere Angelegenheiten
der UdSSR (NKWD)**
undatiert
RGAKFD, Krasnogorsk

Geheimdienstchef Lawrenti P. Berija (1899–1953) war neben Diktator Josef Stalin (1878–1953) für die Massenverfolgung in der Sowjetunion und für die Repressionspolitik in der Sowjetischen Besatzungszone verantwortlich. Im Machtkampf um die Nachfolge Stalins wurde er verhaftet, der Spionage bezichtigt und erschossen.

**Wiktor S. Abakumow,
1943–1946 Chef der
militärischen Spionage-
abwehr**
undatiert
FSB-Archiv, Moskau

Wiktor S. Abakumow (1894–1954) machte seit den 1930er-Jahren innerhalb der Geheimdienste Karriere: 1943 wurde er Chef der militärischen Spionageabwehr, ab 1946 leitete er das Ministerium für Staatssicherheit (MGB), zu dem auch die Spionageabwehr gehörte. Er wurde 1951 seines Amtes enthoben, des Hochverrats angeklagt und 1954 erschossen.

**Iwan A. Serow, 1945–1946
NKWD-Bevollmächtigter
in Deutschland, mit Alexander
Wadis an der Front**
Rjumkin, Ja. I., 1945
RGAKFD, Krasnogorsk

Iwan A. Serow (1905–1990) baute den Apparat des NKWD in der Sowjetischen Besatzungszone auf. Ihm unterstanden die zehn Speziallager. Sein Vertrauter Alexander Wadis (1906–1968) führte seit Juni 1945 die Spionageabwehr. Serow wurde 1954 als erster KGB-Chef oberster Dienstherr der Spionageabwehr.

**Geschichtstafel:
Weg eines sowjetischen
Regiments im
Zweiten Weltkrieg von
Sibirien bis an die Oder
1942–1944**
(Fragment)
Fundstück, undatiert
GBLP, Potsdam

In der Sowjetunion wird der Zweite Weltkrieg als Großer Vaterländischer Krieg bezeichnet. Der Sieg über den Angreifer konnte nur unter großen Opfern errungen werden. Die Tafel stammt aus einem „Geschichtskabinett", das es in vielen sowjetischen Kasernen gab.

„Der Besen der Roten Armee hat den Dreck restlos weggefegt!"
Viktor Deni, 1945, Nachdruck 1986
GBLP, Potsdam

Die Alliierten einigten sich auf den Konferenzen in Jalta, Teheran und Potsdam auf Grundsätze der Deutschlandpolitik, wie die Auflösung der NSDAP, die Aburteilung der Kriegsverbrecher und die Zerstörung der Rüstungsindustrie.

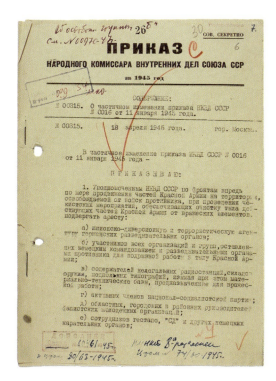

Befehl des Volkskommissars für Innere Angelegenheiten der UdSSR Nr. 00315 (Auszug)
Lawrenti P. Berija, 18. 4. 1945
GARF, Moskau

Dieser Befehl regelte die Einrichtung der Speziallager in der Sowjetischen Besatzungszone und gab weit gefasste Verhaftungskriterien vor, die den Geheimdiensten viel Raum für Willkür boten.

Ergebnisse einer „Durchkämmungsaktion" in der Provinz Brandenburg
Generalmajor A. Fedotow, Potsdam, 13. 9. 1945
GARF, Moskau

Diese Meldung zeigt, dass die Massenverhaftungen der sowjetischen Geheimdienste Deutsche und Sowjetbürger trafen. Allein bei dieser Verhaftungsaktion wurden weit mehr als 7000 Personen festgenommen: 6785 Deutsche und fast 1000 Sowjetbürger. Sie werden in der Liste als „Repatrianten", Rotarmisten, Marodeure und Deserteure geführt.

Sowjetische Militär- und Geheimdienststandorte in Potsdam
Produktion: Gerhards & Glücker, Berlin, 2011
GBLP, Potsdam

In Potsdam richteten sich 1945 neben Stäben und Einheiten der Sowjetarmee hohe Dienststellen der sowjetischen Geheimdienste ein.

1. Zentrales Untersuchungsgefängnis der sowjetischen Militärspionageabwehr
im Sperrgebiet „Militärstädtchen Nr. 7",
Mirbachstraße 1 (heute: Leistikowstraße 1),
vor dem Umbau zur Haftanstalt
Potsdam, 1943
Anneliese Schildmann, Bielefeld

2. Deutschland-Zentrale der sowjetischen Militärspionageabwehr
im Sperrgebiet „Militärstädtchen Nr. 7", im ehemaligen Kaiserin-Augusta-Stift, Albrechtstraße 19–24
(heute: Am Neuen Garten)
Potsdam, 1975
GBLP, Potsdam

In der Stiftskapelle tagten Sowjetische Militärtribunale und verhängten hohe Haftstrafen und Todesurteile.

3. Sitz der Untersuchungsabteilung der sowjetischen Militärspionageabwehr
im Sperrgebiet „Militärstädtchen Nr. 7",
Mirbachstraße 2/3 (heute: Leistikowstraße 2/3)
Potsdam, 1938, Atelier Eichgrün
EKH, Potsdam

Im Keller befanden sich Arrestzellen.

4. Sitz der Abteilung Militärspionageabwehr der Provinz Brandenburg
von Juli 1945 bis zu ihrer Auflösung im November 1946 in der Villa Rütten & Loening in der Viktoriastraße 54 (heute: Geschwister-Scholl-Straße).
Potsdam, undatiert
Aufbau Verlag, Berlin

In dem Gebäude mit Arrestzellen tagte das Sowjetische Militärtribunal der 16. Luftarmee.

5. Sitz der Verwaltung der Gruppe der Sowjetischen Besatzungstruppen in Deutschland

bis 1946 in Potsdam-Babelsberg in
der Filmakademiestraße 89
(heute: August-Bebel-Straße).
Potsdam, um 1944
DRK Generalsekreteriat, Berlin

Am 9. Juni 1945 wurde die Gruppe der Sowjetischen Besatzungstruppen in Deutschland (GSBTD) aus Truppenteilen und Verbänden vor allem der 1. und 2. Belorussischen Front gebildet. Georgi K. Schukow (1896–1974) war als Oberkommandierender gleichzeitig Chef der SMAD. Sein Stellvertreter war der oberste Geheimdienstchef in Deutschland, Iwan Serow.

6. Sitz des NKWD-Bevollmächtigten für die Sowjetische Besatzungszone Iwan Serow

bis Herbst 1946 in Babelsberg,
Wilhelm-Straße 29 (heute: Alt Nowawes)
Potsdam, um 1915
Potsdam-Museum, Potsdam

7. Hauptquartier des NKWD-Operativsektors des Landes Brandenburg

bis 1952 auf dem Areal der Villa Ingenheim,
Zeppelinstraße 76–79.
Potsdam, um 1910
BLHA, Potsdam

Auf dem Gelände befanden sich Arrestzellen.

8. Zentrales Untersuchungsgefängnis des NKWD-Operativsektors des Landes Brandenburg

in der Lindenstraße 54/55
Potsdam, um 1949
Potsdam-Museum, Potsdam

Bis Herbst 1946 hatte dort die Zentrale Ermittlungsgruppe des NKWD-Bevollmächtigten ihren Sitz. Im früheren Amtsgerichtssaal tagten die Militärtribunale der SMAD des Landes Brandenburg und der Gruppe der Sowjetischen Besatzungstruppen in Deutschland.

Erste Festnahmen durch die militärische Spionageabwehr

In den ersten Nachkriegsmonaten verhaftete der Geheimdienst vornehmlich sowjetische Armeeangehörige und Repatrianten. Die Festnahmen Deutscher zielten hauptsächlich auf NS-Verbrecher, Funktionsträger der NSDAP und deren Gliederungen sowie ehemalige Wehrmachtsangehörige, aber auch als „Spione, Terroristen und Diversanten" bezeichnete Gegner der Besatzungsmacht, die sich gegen die Errichtung einer neuen Diktatur wandten. Eine besondere Gruppe stellten Jugendliche und Kinder dar, denen Mitgliedschaft im „Werwolf" unterstellt wurde.

NS-Propagandachef Joseph Goebbels hatte zur Bildung von bewaffneten Guerilla-Truppen, sogenannten Werwölfen, aufgerufen. Trotz erster Anschläge blieb der „Werwolf" im Wesentlichen ein Propagandamythos, der jedoch bei allen alliierten Besatzungsmächten sehr gefürchtet war.

Mitunter leisteten deutsche Polizisten Unterstützung bei den Festnahmen. In das Visier der Spionageabwehr waren die Verhafteten oftmals durch Hinweise und Denunziationen geraten.

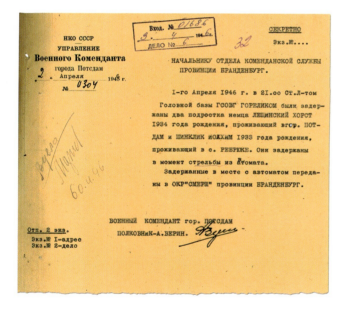

Meldung über die Verhaftung Potsdamer Jugendlicher
Stadtkommandant Oberst Andrej S. Werin, 2. 4. 1946
GARF, Moskau

Der Potsdamer Stadtkommandant überstellte Horst Leschinski und Joachim Schinklik, 12 bzw. 13 Jahre alt, an die Spionageabwehr, da sie mit einer Maschinenpistole geschossen hatten. Nach sowjetischer Rechtsauffassung waren beide trotz ihres Alters voll strafmündig.

Iwan Iwanovitsch Schalai
Potsdam, 1945
GBLP, Potsdam

Der Soldat der Potsdamer Stadtkommandantur Iwan Schalai (* 1926) wurde unter dem Vorwurf der Kollaboration mit der Wehrmacht verhaftet und zu zehn Jahren Arbeitslager verurteilt. 2003 veröffentlichte er seine Erinnerungen an die Zeit als Partisan, als Zwangsarbeiter in Deutschland und als Gulag-Häftling.

Passfoto von Horst S.
Potsdam, um 1944
Privatbesitz, Dransfeld

Die Spionageabwehr hielt den ehemaligen Wehrmachtsangehörigen Horst S. (* 1927) im Spätsommer 1945 im Gefängnis Leistikowstraße gefangen. Er kam von dort in ein sowjetisches Kriegsgefangenenlager, aus dem er im Herbst 1946 entlassen wurde.

Entlassungsschein aus sowjetischer Kriegsgefangenschaft für Horst S.
31. 10. 1946
Privatbesitz, Dransfeld

Joachim Douglas, Hermann Schlüter, Klaus Eylert und Klaus Tauer
Potsdam, um 1945
Reproduktion Atelier Eichgrün
Hermann Schlüter, Potsdam

Taschenkalender von Joachim und Otto Douglas
1945
Margot Bonk, Potsdam

Die Spionageabwehr nahm Ende 1945 zunächst Klaus Tauer, dann Joachim Douglas fest, die sie wegen eines Waffenfundes als Anführer einer Untergrundorganisation ansah. Später inhaftierte sie deren Potsdamer Mitschüler Hermann Schlüter und Klaus Eylert. Die 15 und 16 Jahre alten Schüler waren durch eine kritische Einstellung zur Besatzungsmacht aufgefallen: Sie schwänzten den obligatorischen Russischunterricht. Die Schüler wurden brutal verhört. Das Sowjetische Militärtribunal der 16. Luftarmee verurteilte sie zum Tode. Seit Januar 1946 warteten sie im Gefängnis Leistikowstraße auf die Beantwortung der Gnadengesuche. Der Oberste Sowjet begnadigte Hermann Schlüter als Jüngsten zu einer Haftstrafe, die anderen wurden am 18. April 1946 erschossen.
Joachim Douglas war schon vor der eigentlichen Festnahme mehrfach verhört worden. Zwei Tage nach der Verhaftung von Klaus Tauer notierte er am 28. November 1945: „Um 12.30 in der Schule von den Russen verhaftet." Weihnachten schrieb sein Vater: „Gegen Mittag ist Joachim wieder zum Verhör gegangen und nicht mehr zurückgekommen. Es ist ein trauriges Weihnachtsfest."

Die sowjetische Geheimdienststadt „Militärstädtchen Nr. 7" in Potsdam

Die Hauptverwaltung der militärischen Spionageabwehr bei den sowjetischen Streitkräften in Deutschland hatte über 40 Jahre lang ihren Sitz in einem Wohngebiet im Norden Potsdams. Dieses Areal hieß Militärstädtchen Nr. 7.

Im Unterschied zu anderen sowjetischen Militärobjekten war es nicht einfach Teil einer Garnison. Es war besonders stark gesichert und mit Büros, Wohnungen und eigener Infrastruktur nahezu autark. In der Leistikowstraße 1 befand sich das zentrale Untersuchungsgefängnis.

Das Militärstädtchen Nr. 7 wurde am 15. August 1994 als einer der letzten russischen Standorte in Deutschland aufgelöst. Danach wurde die Repressionsgeschichte des Ortes bekannt.

Posten auf dem Wachturm
Potsdam, 1983/1986, Foto: Birgit Ragotzky
Matthias Trommer, Potsdam

Dieses Foto gehört zu den seltenen Einblicken in das Militärstädtchen Nr. 7. Eine Anwohnerin hatte diesen Wachposten heimlich vom Balkon ihrer Wohnung in unmittelbarer Nähe zum Grenzzaun aufgenommen.

Beschlagnahmungen und Einrichtung des Gefängnisses

Am 27. April 1945 marschierte die 1. Belorussische Front in das Villenviertel ein, mit ihr die militärische Spionageabwehr. Bereits einen Tag später wurde das erste Haus beschlagnahmt. Plünderungen, Vergewaltigungen und Razzien waren an der Tagesordnung.

Anwohner mussten – verstärkt nach der Potsdamer Konferenz im August 1945 im Schloss Cecilienhof – ihre Wohnungen räumen. Die Spionageabwehr baute das Areal zum Deutschlandsitz mit zentralem Gefängnis aus.

Schon im Spätsommer sperrte die Spionageabwehr die ersten Häftlinge im zügig umgebauten Gefängnis ein. Außerdem nutzte sie weitere Arrestzellen in anderen Gebäuden im Militärstädtchen, so auch im Keller der Leistikowstraße 2/3. Privilegierte Sonderhäftlinge hielt sie in Wohnhäusern in der Nachbarschaft gefangen.

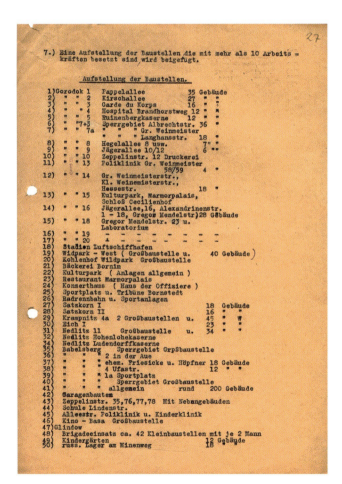

Aufstellung sowjetischer Baustellen
Potsdam, 13. 8. 1948
Stadtarchiv Potsdam

Das von der Spionageabwehr genutzte Gelände wurde als Militärstädtchen Nr. 7 bezeichnet. In dieser Aufstellung trägt es noch die Nummern 7, 3 sowie 7a. Insgesamt gab es 20 solcher Städtchen in Potsdam. Für Reparaturen und Bauarbeiten wurden deutsche Arbeiter eingesetzt.

Sowjetische Militär- und Spionageabwehreinheiten in Potsdam
Potsdam, 28. 6. 1946
GARF, Moskau

Der Standort der militärischen Spionageabwehr ist unter Albrechtstraße (heute: Am Neuen Garten) aufgeführt. Dieser Geheimdienst baute das Gebiet zwischen Albrechtstraße, Großer Weinmeisterstraße und Leistikowstraße zur Deutschlandzentrale aus.

Katharina Wille vor ihrem Haus
Potsdam, 1936
Eckard Wille, Hamburg

Katharina Wille (1889–1968) lebte seit 1935 in der Albrechtstraße 33 (heute: Am Neuen Garten). In ihrem Haus waren zunächst Flüchtlinge, ab Ende August 1945 sowjetische Militärangehörige einquartiert. Im Februar 1946 zog ein Mitarbeiter der Spionageabwehr mit seiner Familie ein.

Tagebuch von Katharina Wille: Ereignisse im Viertel
1944–1953
Eckard Wille, Hamburg

Den Alltag prägten Versorgungsnöte sowie die Angst um vermisste Angehörige und um die ungewisse Zukunft. Ständig drohte die kurzfristige Räumung der Wohnung.

Marlise Steinert
Potsdam, März 1947
Lore Siebert, Danndorf

Marlise Steinert (1904–1982) arbeitete als Dolmetscherin für die Spionageabwehr. In Begleitung russischer Offiziere übermittelte sie den Mitarbeitern der Evangelischen Frauenhilfe im August 1945 den Räumungsbefehl für das Haus Leistikowstraße.
1947 wurde sie selbst unter Spionageverdacht in diesem Gebäude festgehalten.

Pfarrer Wilhelm Brandt
Bielefeld, 1955
Anneliese Schildmann, Bielefeld

Pfarrer Wilhelm Brandt (1894–1973) erlebte als amtierender Geschäftsführer der Evangelischen Frauenhilfe die Räumung des Hauses.
Er kannte Marlise Steinert und ihre Familie als Nachbarn. Die Beschlagnahmung hielt er in einer Aktennotiz fest.

Russische Besatzung, Beschlagnahmung und Terror im Viertel
Hörstation, Produktion: Frey Aichele Team, Berlin 2011
GBLP, Potsdam

[1] Tagebucheinträge von Katharina Wille, 1945/1946 (3:30 Min.)
[2] Aktennotiz von Pfarrer Wilhelm Brandt über die Beschlagnahmung des Hauses Mirbachstraße 1 (heute: Leistikowstraße 1) im August 1945, 12. 9. 1945 (1:04 Min.)
[3] Erinnerungen von Marlise Steinert über ihre Haft im Gefängnis Leistikowstraße im Jahr 1947, 1954 (2:26 Min.)

Topografie der Geheimdienststadt

Das Militärstädtchen Nr. 7 umfasste ein 16 Hektar großes Gelände mit etwa 100 Gebäuden. Es lag zwischen Pfingstberg und Schloss Cecilienhof nahe der Berliner Mauer.

Die Zentrale der Spionageabwehr befand sich im früheren Kaiserin-Augusta-Stift. In der Stiftskapelle tagten Militärtribunale. Gefängnis, Verhörgebäude und Wache lagen in der Nachbarschaft. Diese Gebäude bildeten einen inneren Sicherheitsbereich.

Neben Diensträumen gab es Wohnungen, Hotels, Krankenstationen, Geschäfte und Veranstaltungsräume. Straßen erhielten russische Namen. Nach 1975 entstanden neue Kasernen und Wohnblocks für Offiziersfamilien.

Offiziersfamilien und sowjetische Zivilangestellte wohnten auch in der angrenzenden Hessestraße, im sogenannten offenen Städtchen. Daneben befand sich die Kreisdienststelle Potsdam der DDR-Staatssicherheit.

Luftaufnahme des sowjetischen Militärstädtchens Nr. 7
Potsdam, 1992/1993
Privatbesitz, Berlin

Hausnummernschild aus dem Militärstädtchen Nr. 7
Fundstück, undatiert
GBLP, Potsdam

Das Hausnummernschild hat zwei Nummern. Die „7" steht für das siebente Militärstädtchen. Die zweite Zahl kennzeichnet die Hausnummer. Die Häuser wurden häufig umnummeriert.

Der Fluchtversuch des Georgij Gladko

Bislang ist nur eine geglückte Flucht aus dem Militärstädtchen Nr. 7 bekannt. Diese gelang Waldemar Hoeffding 1948. Er war allerdings nicht im Gefängnis in der Leistikowstraße eingesperrt, sondern als „privilegierter Sonderhäftling" in der Nachbarschaft untergebracht. Für das Gefängnis selbst sind nur gescheiterte Ausbruchsversuche überliefert, darunter der von Georgij Gladko. 1962 wegen versuchter Desertion verurteilt, befand er sich in der Leistikowstraße. Um aus dem Gebäude zu kommen, schlug er einen Wachsoldaten nieder. Noch auf dem Gelände der Verwaltung der Militärspionageabwehr am Neuen Garten wurde er gestellt.

Er wurde wegen Fahnenflucht zu 13 Jahren Lagerhaft verurteilt.

Georgij Gladko
undatiert
MEMORIAL Deutschland e. V., Berlin

„Am für die Flucht vorgesehenen Tag begann Timofejew, an die Wand zu klopfen und zu schreien. Der Wächter kam, begann zu schimpfen. […] Wir schlugen ihn mit dem Schemel und fesselten ihn mit Bettlaken. Wir nahmen ihm die Schlüssel ab und verließen die Zelle. Das Gefängnis war von einem Zaun umgeben, und an den Ecken gab es Türme mit Wachposten und Türen als Durchgang in die nächste Einrichtung. Wir öffneten die Tür mit dem Schlüssel. […] Als wir am rechten Turm vorbeikamen, bemerkte uns der Posten und begann, aus der MP zu schießen." (1998)

Erinnerungen von Georgij Gladko (* 1942), inhaftiert 1962

Sicherung der Geheimdienststadt

Sicherung der Geheimdienststadt
Medienstation, Produktion: Gerhards & Glücker,
Berlin, 2012
GBLP, Potsdam

Anfangs sperrten Schlagbäume mit Doppelposten die Zufahrtsstraßen zur Geheimdienststadt ab. Die zwei Meter hohe Umzäunung des Geländes wurde 1975 durch eine Betonmauer ersetzt. Im Geländeinneren befand sich ein weiterer Zaun, dazwischen die „Verbotene Zone" mit Bewegungsmeldern.

Armbinde „Diensthabender am Passierschein-Kontrollpunkt"
1980/1995
Kunstmarkt-Archiv Helmut Schöll, Potsdam

Der Zugang zum Militärstädtchen Nr. 7 war nur mit einem Passierschein über den Kontrollpunkt in der Großen Weinmeisterstraße möglich. Diensthabende Soldaten des 10. KGB-Wachbataillons trugen diese Armbinde.

Kontrollpunkt Große Weinmeisterstraße
Potsdam, 1970er-Jahre
GBLP, Potsdam

Alltag in der Geheimdienststadt

**Alltag in der Geheimdienststadt
1972–1994**
Medienstation, Produktion: Gerhards & Glücker,
Berlin, 2011
GBLP, Potsdam

Die Mitarbeiter der militärischen Spionageabwehr
lebten und arbeiteten in der Geheimdienststadt.
Ein Teil von ihnen hatte täglich bei Verhören
oder als Gefängniswache mit den Häftlingen zu
tun. Im Lebensalltag spielte das Gefängnis kaum
eine Rolle.

**Sowjetische Soldaten beim Fußballspiel
im Mirbachwäldchen**
Potsdam, um 1948
GBLP, Potsdam

Das Mirbachwäldchen befindet sich an der
Leistikowstraße gegenüber dem Gefängnisgebäude.
Ehemalige Häftlinge erinnern sich an singende
und feiernde Soldaten, die sie von ihren Zellen aus
hören konnten.

**Geheimdienstoffizier mit Familie
beim Spaziergang am Neuen Garten**
undatiert
NARA, Washington

„Draußen ließen sich russische Kommandos vernehmen, Kasernenbetrieb, Soldaten wurden gedrillt. Täglich sangen sie und übten die Formel ‚Gesundheit wünschen wir dem Genossen Stalin' im Vierertakt."
Erinnerungen von Hergart Wilmanns (1928–2007), inhaftiert 1947

Potsdam und die Geheimdienststadt

Besucher Potsdams nahmen das abgeschottete Gebiet trotz der Nähe zum Schloss Cecilienhof kaum wahr. Bei Anwohnern herrschten diffuse Vorstellungen, von einem Gefängnis wussten die wenigsten. Selten hatten sie Kontakte zu den Bewohnern des Militärstädtchens, zumal diese offiziell verboten waren. Mit Ausnahme von Mitarbeitern der DDR-Staatssicherheit und Handwerkern erhielten nur wenige Zutritt. Ehemalige Häftlinge mussten über ihre Erfahrungen schweigen.

Am 31. August 1994 wurden die letzten russischen Truppen aus Deutschland abgezogen. Abberufen wurde das größte, jemals über einen längeren Zeitraum im Ausland stationierte Truppenkontingent einer Besatzungsmacht. Zwei Wochen zuvor war das Militärstädtchen Nr. 7 in Potsdam geräumt worden. Im Frühjahr 1995 erhielt die Öffentlichkeit wieder Zugang zu dem seit August 1945 gesperrten Gebiet.

Mauer des Militärstädtchens
Potsdam, 1994, Foto: Georg Schönharting
Günter Wojnar, Potsdam

a) Langhansstraße 15 und 16
b) Mauer zwischen Großer Weinmeisterstraße 54 und 55

„Erben des Sieges – Lebe wohl, Deutschland! Grüß dich, Russland!"
Potsdam, 31.8.1994
GBLP, Potsdam

Die letzte Ausgabe der Zeitung der Westgruppe der Streitkräfte erschien mit Redeauszügen von Russlands damaligem Präsidenten Boris Jelzin und dem damaligen deutschen Bundeskanzler Helmut Kohl. Beide betonten den Wandel der Beziehungen: Aus Kriegsgegnern seien Freunde geworden.

Bleilettern aus der Druckerei in der Zeppelinstraße
undatiert
Bundesanstalt für Immobilienaufgaben, Potsdam

Die Zeitung „Erben des Sieges" sowie weitere Publikationen der Westgruppe der Streitkräfte wurden in der Druckerei in der Zeppelinstraße 12 gedruckt.

Deutsche Nachbarn der Geheimdienststadt berichten
Auszüge aus Interviews mit Michael Lunberg, Marie-Luise Schalinski, Lore Siebert, Matthias Trommer
Hörstation, Produktion: Frey Aichele Team, Berlin 2011
GBLP, Potsdam

[1] Arbeiten für den Geheimdienst 1945/1947, 2011 (1:11 Min.)
[2] Leben an der Mauer 1975–1994, 2011 (2:07 Min.)
[3] Wahrnehmung des Gefängnisses 1975–1994, 2011 (1:37 Min.)
[4] Begegnungen mit Geheimdienstoffizieren 1975–1994, 2011 (1:45 Min.)

Die sowjetische Militärspionageabwehr in Deutschland

Unter dem Vorwurf der Spionage wurde in der Sowjetunion jegliches als feindlich angesehenes Verhalten verfolgt. Bereits während des „Großen Terrors" der 1930er-Jahre wurden Hunderttausende Menschen als angebliche Spione westlicher Geheimdienste verhaftet und erschossen. Die sowjetische Besatzungsmacht brachte dieses System mit ihren Geheimdiensten 1945 mit nach Deutschland.

Die sowjetische Militärspionageabwehr war ab 1946/1947 vor allem für die Abwehr von nachrichtendienstlichen Aktivitäten westlicher Geheimdienste gegen die in der Sowjetischen Besatzungszone und in der DDR stationierte Sowjetarmee sowie die politische Überwachung der Armeeangehörigen verantwortlich. Ziel war es, die Kampfbereitschaft der eigenen Truppe nicht mehr nur vor inneren, sondern ebenso vor äußeren Feinden zu sichern und das Besatzungsregime zu schützen. Dazu überwachte die Abwehr alle Armeeobjekte, Soldaten und Offiziere, deren Familien, Zivilangestellte sowie Deutsche, die Kontakt zum Militär hatten.

Sitz der militärischen Spionageabwehr in Deutschland
Potsdam, 1986
Amt für Geoinformationswesen der Bundeswehr, Euskirchen

Sowjetischer Uniformmantel
Fundstück Leistikowstraße 1, undatiert
GBLP, Potsdam

Der Restaurator fand diesen Mantel eines Geheimdienstmitarbeiters 2007 auf dem Dachboden des Gefängnisgebäudes. Offiziere, Unteroffiziere und Mannschaften der Spionageabwehr trugen die Uniformen der sowjetischen Armee. Deshalb waren sie äußerlich von regulären Militärangehörigen nicht zu unterscheiden.

Das zentrale Untersuchungsgefängnis

Die Spionageabwehr unterhielt im Krieg ein sogenanntes Mobiles Feldgefängnis. Es wurde mit den vorrückenden Truppen verlegt und befand sich ab Sommer 1945 im Gebäude Leistikowstraße 1. Seit den 1970er-Jahren hieß es „Feld-Untersuchungs-Isolator".

Das Haus diente als Untersuchungs- und als Durchgangsgefängnis. Es hatte eine überregionale Funktion. Bis zu 120 Menschen konnten hier festgehalten werden. Offiziere der Untersuchungsabteilung verhörten die Gefangenen und bereiteten die Prozesse vor Sowjetischen Militärtribunalen (SMT) vor. Die Strafen mussten in sowjetischen Lagern und Gefängnissen oder in ostdeutschen Strafvollzugsanstalten verbüßt werden. Einige Häftlinge waren vor ihrer Verlegung in die Leistikowstraße zum Tode verurteilt worden. Während in Moskau über die Bestätigung des Urteils oder eine Begnadigung entschieden wurde, waren sie hier zum Warten verdammt.

Waldemar „Wolja" Hoeffding in seinem Büro
Berlin, 1933
The University of North Carolina at Chapel Hill, Chapel Hill (NC)

Die Spionageabwehr inhaftierte Waldemar Hoeffding (1886–1979) ab dem 31. Dezember 1945 im Gefängnis in der Leistikowstraße 1. Er wurde als „Vaterlandsverräter" der Spionage verdächtigt, jedoch nie angeklagt. Hoeffding war als Sohn dänischer Eltern in Russland aufgewachsen. Während der Revolution hatte er aufseiten der „Weißen" gekämpft, später war er über Umwege nach Deutschland gekommen. Ab Juni 1947 saß er in privilegierter Sonderhaft in einem Einfamilienhaus im Militärstädtchen Nr. 7. Im September 1948 gelang ihm die Flucht. Von ihm stammt der früheste bisher bekannte Erinnerungsbericht, veröffentlicht in der Neuen Zürcher Zeitung im Februar 1949.

Erinnerungen an das Gefängnis von Waldemar Hoeffding (1886–1979), inhaftiert 1945–1948, publiziert 1949
Hörstation, Produktion: Frey Aichele Team, Berlin, 2011(2:40 Min.)

„Das Hauptquartier der ‚Kontr-Razvedka' oder des Spionageabwehrdienstes der sowjetischen Besetzungsarmee befindet sich in Potsdam. Es ist der militärische ‚Arm' der N. K. W. D., dessen Tätigkeit sich durchaus nicht auf die Bekämpfung der feindlichen […] Spionage beschränkt. Er befaßt sich vielmehr mit der Bekämpfung jeglicher als feindlich angesehenen Gesinnung sowohl in den eigenen Reihen als auch in der deutschen Bevölkerung der sowjetischen Besetzungszone. Die zahlreichen Bureaus und Hilfsgebäude der N. K. W. D. einschließlich des Gefängnisses sind längs des Parks des Marmorpalais […]

gruppiert und bilden ein geschlossenes, eingezäuntes und für ‚Unbefugte' unzugängliches Territorium. [...] Für das einheitliche Gefängnis hat man ein dreistöckiges Gebäude entsprechend umgebaut und eingerichtet, in welchem früher die Bureaus der Evangelischen Reichsfrauenhilfe untergebracht waren.

Nach einer sechsstündigen Fahrt [...] kam ich am Silvesterabend 1945 in diesem Gebäude an [...]. Ich wurde in einen kahlen Raum geführt, wo mir befohlen wurde, mich ganz auszuziehen und nackt mit dem Gesicht zur Wand zu stehen. Unterdessen wurde von zwei Soldaten eine Untersuchung meiner Kleidung mit einer Gründlichkeit durchgeführt, die alles bisher Erlebte in den Schatten stellte. [...] Nachdem diese Zeremonie zu Ende war, durfte ich mich wieder anziehen. Ich wurde in eine Zelle im ersten Stockwerk geführt und eingesperrt. [...] Mein erster Zellengenosse war ein Soldat der Roten Armee, ein Georgier. [...] Als er weg war, wurde in meine Zelle ein deutscher Flieger, ein Feldwebel der Luftwaffe, eingesperrt.

Mein Aufenthalt in der Zelle im oberen Stockwerk des Gefängnisgebäudes, wo die Unterkunftsbedingungen insofern leidlich waren, als ich ein Bett mit Matratze hatte und der Raum gut geheizt wurde, erwies sich aber von kurzer Dauer. Eines Tages wurde ich die Treppen hinunter in den Keller geführt. In seinen etwa zehn größeren und kleineren Räumen konnten schätzungsweise 60–70 Häftlinge untergebracht werden. Ich habe während der fünf Monate, die ich hier verbrachte, die Bekanntschaft mit drei von diesen Zellen gemacht. In zwei von ihnen ließen die zugemauerten Kellerfenster eine Ritze offen, durch die noch ein spärlicher Strahl von Tageslicht durchdrang; die Zelle Nr. 14, in der ich die längste Zeit verbrachte, war jedoch ganz ohne Tageslicht sowie ohne Ventilation [...]. [I]m Frühjahr [...] konnte man manchmal im Keller kaum atmen. Es entwickelte sich auch eine böse Feuchtigkeit, so daß meine Decke – ich war der einzige glückliche Besitzer einer solchen – so feucht war, daß man si[e] fast mit den Händen auswringen konnte. Diese Zelle, in der ich die größere Zeit meines fünfmonatigen Kelleraufenthalts verbringen sollte, war ein Raum von neun mal vier Meter. Etwa drei Viertel dieser Fläche war von einer Bretterpritsche in Anspruch genommen, die für etwa zwölf Insassen Platz bot und noch einen schmalen Korridor längs der Innenwand übrigließ, in dem wir uns während unserer täglichen ‚Spaziergänge' einzeln – die anderen durften die Pritsche dann nicht verlassen – hin und her bewegen konnten."

Erinnerungen an das Gefängnis von Waldemar Hoeffding (1886–1979),
inhaftiert 1945–1948, publiziert 1949

Das Gefängnispersonal

Im Gefängnis arbeiteten ausschließlich Geheimdienstmitarbeiter. Der Gefängnischef und sein Stellvertreter unterstanden direkt der Führung der militärischen Spionageabwehr in Potsdam. Für die Zeit von 1945 bis 1954 sind folgende Gefängnischefs bekannt: Hauptmann Artjomow, die Oberleutnants Dmitri Gorelik, Alexander Romanenko, Anatoli Filonowitsch, Plissow, N. Iwanzow sowie Major Alexander M. Kusjak. Ende der 1940er-Jahre koordinierten drei Offiziere die täglichen Abläufe, zehn bis zwölf Aufseher bewachten die Gefangenen. Ein Sekretär erledigte Schreibarbeiten. Außerdem gab es einen Assistenzarzt auf der Krankenstation und einen Koch. Nach 1949 wurde der Personalbestand vergrößert.

**Oberleutnant
Dmitri Gorelik,
Gefängnischef 1946–1949**
um 1949
NARA, Washington

Dmitri Gorelik (* um 1925) stammte aus der Ukraine. Während des Zweiten Weltkrieges hatte er in der 2. sowjetischen Stoßarmee gedient.

**Oberleutnant
Alexander Romanenko,
Gefängnischef 1949–1951**
um 1949
NARA, Washington

Alexander Romanenko (* um 1908) war in der Ukraine geboren. Er war als Vernehmungsoffizier in einem sowjetischen Lager tätig, bevor er 1947 nach Potsdam kam.

**Major
Alexander M. Kusjak,
Gefängnischef 1952–1954**
undatiert
Sammlung Memorial, Moskau

Alexander M. Kusjak (* 1907) blickte auf jahrelange Erfahrungen als Aufseher in sowjetischen Lagern und Gefängnissen zurück. 1951 wurde er zur Militärspionageabwehr bei der sowjetischen 9. Gardepanzerdivision in der DDR versetzt. Später arbeitete er in der Zentrale in Potsdam.

Erinnerungen ehemaliger Häftlinge an das Wachpersonal

Im Gefängnis kamen die Gefangenen vor allem mit Wachpersonal in Kontakt. Die Wachen führten sie zum Verhör oder in die Freigangzellen, reichten die Essensrationen in die Zellen und patrouillierten auf den Gängen. Häftlinge erlebten Bewacher, die sich schikanös und gewalttätig verhielten. Ihnen begegneten aber auch Soldaten, die sich nicht an das strenge und brutale Haftregime hielten.

„[E]in Wachsoldat von unserem Flur [...] manchmal warf er uns [...] Zigaretten oder Machorka zu. [...] Sobald er seinen Dienst antrat, kam er zum Guckloch und machte uns darauf aufmerksam, daß ‚die Regierung gewechselt hat', so daß wir uns schlafen legen konnten, obwohl man zu dieser Zeit noch nicht schlafen durfte. Wenn wir ihn aber mit seinem Schlüsselbund rasseln hörten, war das ein Zeichen, daß wir schnell aufstehen mußten. Mit anderen Worten, dieser Ukrainer war ein Mann, der uns mit seinen geringen Möglichkeiten das Leben wenigstens etwas erleichtern half." (1982)

Erinnerungen von Johann Urwich (1926–1994), inhaftiert 1947

„Es gab unter unseren Peinigern natürlich auch gute und schlechte Menschen, Besonnene und Zyniker, wie überall auf der Welt, doch die Letzteren waren in der Mehrzahl. (Besonders hier in der Leistikowstraße). Beachtete man ihre Befehle nicht, bekam man das zu spüren. Allerdings durften die Flurposten die Häftlingszellen nicht alleine betreten. In der Zelle wurde ich daher nie geschlagen. Wohl aber beim Gang zum Verhör oder dann dort im Verhörraum." (2010)

Erinnerungen von Günter Martins (* 1931), inhaftiert 1951

Die Zentrale der sowjetischen Militärspionageabwehr in Potsdam

In der Potsdamer Zentrale der Militärspionageabwehr arbeiteten Ende der 1940er-Jahre 150 Offiziere, Unteroffiziere, Soldaten und Zivilangestellte. Für Spionageabwehr und Untersuchungen waren die Abteilungen I bis IV zuständig. Daneben gab es eine Abteilung für Chiffrierung, ein Sekretariat sowie Finanz- und Logistikdienststellen.

Die administrativen Zuordnungen der militärischen Spionageabwehr in Deutschland wechselten häufig, wie auch die Bezeichnungen. Ab 1954 gehörte sie zur dritten Hauptverwaltung des KGB, der sowjetischen Staatssicherheit.

Sitz der militärischen Spionageabwehr in Deutschland
Potsdam, 1975
GBLP, Potsdam

KGB-Aktenmappe
Fundstück ehemaliges
Kaiserin-Augusta-Stift, 1980er-Jahre
GBLP, Potsdam

Brustabzeichen der sowjetischen Militärspionageabwehr
ca. 1980er-Jahre
Sebastian Nagel, Potsdam

Bezeichnungen der sowjetischen Militärspionageabwehr in Potsdam 1945–1991

Zeitraum	Bezeichnung
1945–1946	**UKR Smersch NKO GSBTD** – Verwaltung Spionageabwehr (UKR) Smersch (Smert' schpionam = Tod den Spionen) des Volkskommissariats für Verteidigung (NKO) bei der Gruppe der Sowjetischen Besatzungstruppen in Deutschland (GSBTD)
1946–1953	**UKR MGB GSBTD** – Verwaltung Spionageabwehr (UKR) des Ministeriums für Staatssicherheit (MGB) bei der Gruppe der Sowjetischen Besatzungstruppen in Deutschland (GSBTD)
März–Juni 1953	**UKR MWD GSBTD** – Verwaltung Spionageabwehr (UKR) des Ministeriums für Innere Angelegenheiten (MWD) bei der Gruppe der Sowjetischen Besatzungstruppen in Deutschland (GSBTD)
Juni 1953–März 1954	**UOO MWD GSBTD** – Verwaltung Sonderabteilungen (UOO) des Ministeriums für Innere Angelegenheiten (MWD) bei der Gruppe der Sowjetischen Besatzungstruppen in Deutschland (GSBTD)
März 1954–1988	**UOO KGB GSSD** – Verwaltung Sonderabteilungen (UOO) des Komitees für Staatssicherheit (KGB) bei der Gruppe der Sowjetischen Streitkräfte in Deutschland (GSSD)
1988–1991	**UOO KGB WGT** – Verwaltung Sonderabteilungen (UOO) des Komitees für Staatssicherheit (KGB) bei der Westgruppe der Truppen (WGT)

DIE SOWJETISCHE MILITÄRSPIONAGEABWEHR IN DEUTSCHLAND

Spionage im Kalten Krieg

Deutschland war ein Schauplatz des Kalten Krieges. Die Westmächte und die Sowjetunion standen sich mit ihren hochgerüsteten Armeen und Geheimdiensten gegenüber. Politische Propaganda und Furcht vor Spionage bestimmten das Bild.

Alle Beteiligten warben Informanten und versuchten, Überläufer für ihre Zwecke zu gewinnen. Von Interesse waren Angaben über Truppen und Militärstandorte des Gegners, die in der nachrichtendienstlichen Auswertung zu einem strategischen Gesamtbild zusammengefügt wurden.

Beim bloßen Verdacht auf Militärspionage reagierte der sowjetische Geheimdienst unverhältnismäßig hart. Er verhaftete vielfach Unschuldige, aber auch tatsächliche Spione. Militärtribunale verurteilten sie zu langen Haftstrafen oder sogar zum Tode.

When it comes to catching spies: close doesn't count.
Amerikanischer Aufruf zur Wachsamkeit gegenüber Spionage
1969/1990
Alliierten-Museum, Berlin

Не выйдет! Es wird nicht klappen!
Kukrynski, 1952
Zentralmuseum der Streitkräfte, Moskau

Dieses Plakat warnte sowjetische Militärangehörige vor Liebesbeziehungen mit deutschen Frauen, die angeblich nur an geheimdienstlich relevanten Informationen interessiert seien. Deshalb galt auch ein Fraternisierungsverbot. Paare wurden hart bestraft.

Standortkartei über die Spionageabwehr
1951–1961
Bundesarchiv, Koblenz

Die Karteikarte zeigt das Wissen des Bundesnachrichtendienstes (BND) über die sowjetische militärische Spionageabwehr. Als Informanten wurden auch Deutsche eingesetzt: Postboten, Schornsteinfeger, Stromableser oder Handwerker. Sie begaben sich dabei in Lebensgefahr.

**Rafail Goldfarb alias Mr. Speyer.
Struktur und Personalbestand der sowjetischen
Spionageabwehr in Potsdam**
NARA, Washington
Medienstation, Produktion:
Gerhards & Glücker, 2011
GBLP, Potsdam

**Rafail Goldfarb vor dem Denkmal für
Peter den Großen in Leningrad**
Leningrad, vermutl. 1945
NARA, Washington

Rafail Goldfarb (* 1913) stammte aus einer jüdischen Arztfamilie in St. Petersbug, die in den 1930er-Jahren von den stalinistischen Säuberungen betroffen war. Als Soldat im Zweiten Weltkrieg eingesetzt, wechselte er 1942 als Dolmetscher zum Geheimdienst NKWD. Er konnte das Verfolgungsschicksal seines Vaters und die Brüche in seinem eigenen Lebenslauf verheimlichen, weil während der Belagerung Leningrads die Akten des NKWD evakuiert worden bzw. verschollen waren.

Rafail Goldfarb
undatiert
NARA, Washington

Rafail Goldfarb kam mit den vorrückenden sowjetischen Truppen nach Deutschland. Seit Anfang März 1946 arbeitete er als Ermittler und Dolmetscher in der Zentrale der sowjetischen Spionageabwehr in Potsdam. Er gab sich als überzeugter Anhänger der Sowjetunion und der Kommunistischen Partei.

Ehepaar Rafail und Sophia Goldfarb
undatiert
NARA, Washington

Nachdem Dolmetscher Goldfarb von seiner bevorstehenden Versetzung in die Sowjetunion erfahren hatte, floh er im Juli 1949 gemeinsam mit seiner Frau und den Kindern nach West-Berlin und lief zum amerikanischen Geheimdienst über. Er hatte zahlreiche Fotos und Notizen über Struktur, Personal und Aufgaben seiner Dienststelle im Gepäck.

Überläufer Rafail Goldfarb alias Mr. Speyer
1949
NARA, Washington

Für die sowjetische Seite war Goldfarb ein Verräter, für die Amerikaner ein wertvoller Informant. Die US-amerikanische Spionageabwehr des Heeres Counter Intelligence Corps (CIC) befragte ihn monatelang. Er gab Informationen über die Arbeitsweise und Organisation sowie Fotos von 300 sowjetischen Geheimdienstmitarbeitern preis. Mehr als 180 von ihnen gehörten zum Personalbestand der Spionageabwehr in Potsdam. Die Amerikaner gaben Goldfarb zu seinem Schutz eine neue Identität als Mr. Speyer.

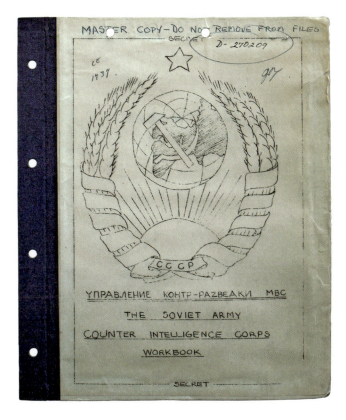

CIC-Handbuch zur sowjetischen Militärspionageabwehr
um 1950
NARA, Washington

Die CIC wertete das Goldfarb-Material aus und kam zu dem Ergebnis: „Das ist die erste detaillierte Information auf diesem Niveau seit zwei Jahren." Sie legte ein geheimes Arbeitshandbuch und kurze Personendossiers mit Fotos zum sowjetischen Geheimdienstpersonal an.

Die geheimdienstliche Ermittlungsarbeit der militärischen Spionageabwehr

Im Haus Leistikowstraße 2/3, dem Nachbargebäude des Gefängnisses, hatte die Untersuchungsabteilung ihren Sitz. Sie führte für die Militärstaatsanwaltschaft alle Verhöre, Zeugenvernehmungen und Beweiserhebungen durch.

Der Begriff der Ermittlungsarbeit ist in diesem Zusammenhang nicht als rechtsstaatliches Verfahren zu verstehen. Er bedeutet stattdessen, dass Material zusammengetragen wurde, das nach stalinistischem Rechtsverständnis Beweiskraft hatte. Dazu zählten insbesondere unter Gewaltanwendung erpresste Geständnisse.

Die Untersuchungsabteilung arbeitete vor allem mit den Abteilungen der Spionageabwehr bei den Truppen und nach 1950 mit dem Ministerium für Staatssicherheit der DDR (MfS) zusammen. Beide Sicherheitsdienste stützten sich auf ein engmaschiges Netz von Informanten.

Strafakte von Leonhards Veveris
1948
Historisches Staatsarchiv Lettlands, Riga

Haftfotos
Potsdam, 1947–1953
RGWA und FSB, Moskau/Facts & Files, Berlin

Die Fotos wurden vor dem Gefängnis Leistikowstraße gemacht. Im Hintergrund ist der für die Nordfassade des Hauses typische Putz zu erkennen.
Bei den Bildern handelt es sich um eine Auswahl. Gezeigt werden vor allem zum Tode verurteilte Deutsche, die in Moskau erschossen wurden. Haftfotos anderer Inhaftierter sind selten zugänglich.

Richard Bachmann
(10. 4. 1889–14. 2. 1952)

Heinz Baumbach
(11. 6. 1926–23. 10. 1952)

Hermann Eichler
(2. 3. 1930–19. 12. 1951)

Heinz Eisfeld
(24. 10. 1931–23. 10. 1952)

Karl Güldenpfennig
(1. 2. 1898–22. 5. 1951)

Karl-Heinz Hanisch
(16. 7. 1931–24. 12. 1951)

Hildegard Bender
(1927–20. 3. 1952)

Adolf Bornemann
(15. 1. 1908–1. 10. 1951)

Hans Cölln
(18. 8. 1913–9. 5. 1952)

Günther Domschke
(24. 5. 1929–29. 7. 1952)

Hans Falke
(18. 1. 1900–26. 6. 1952)

Ronald Feige
(6. 8. 1925–19. 11. 1952)

Gerhard Gburrek
(7. 3. 1922–9. 5. 1952)

Franz Maria Gries
(19. 2. 1914–6. 12. 1951)

Gerhard Hanschel
(18. 9. 1930–4. 7. 1951)

Hermann Hoeber
(8. 2. 1925–4. 7. 1951)

Herbert Lehmann
(18. 1. 1889–22. 10. 1952)

Ljubow Meins
(22. 7. 1913–6. 12. 1951)

Ilse Nicolai
(1. 10. 1929–9. 5. 1952)

Helmut Paichert
(21. 4. 1933–23. 10. 1952)

Fritz Riebling
(9. 8. 1910–29. 7. 1952)

Günther Ringel
(31. 10. 1925–6. 12. 1951)

Günter Ruchholtz
(8. 1. 1929–6. 12. 1951)

Erich Rudolf Ruppert-Illuth
(5. 12. 1904–16. 7. 1951)

Horst Scheubner
(21. 5. 1921–2. 4. 1952)

Adalbert Scheunemann
(17. 4. 1915–31. 3. 1953)

Werner Schwarz
(8. 4. 1922–19. 5. 1952)

Peter Seele (* 27.19. 1928, lebt heute in Potsdam)

Christoph Steinert
(13. 2. 1899–15. 9. 1955)

Alfred Teßmar
(24. 3. 1927–6. 12. 1951)

Die Ermittlungs- und Vernehmungspraxis

Der bloße Verdacht rechtfertigte die Festnahme. Erst danach setzte die Ermittlungsarbeit ein, die Hausdurchsuchungen, Verhöre, Gegenüberstellungen oder oft erpresste Zeugenaussagen umfassen konnte. Auf die Häftlinge wurden Spitzel angesetzt. Den zentralen Schuldbeweis stellte in der stalinistischen Praxis das Geständnis dar. Die Verdächtigen wurden meist mit äußerster Härte verhört und durch Folter zu Selbstbezichtigungen gezwungen. Sie hatten Namen angeblicher oder tatsächlicher Beteiligter zu gestehen, was zu weiteren Verhaftungen führte.

Die Verhörräume befanden sich in der Untersuchungsabteilung und im Obergeschoss des Gefängnisses. Es gab weder Rechtsbeistand noch Besuchs- oder Schreiberlaubnis. Dauerverhöre, Nachtvernehmungen, Schlafentzug und Isolationshaft mussten durchgestanden werden. Nicht russischsprachige Häftlinge waren vom Dolmetscher oder den Sprachkenntnissen der Vernehmer abhängig.

Sitz der Untersuchungsabteilung, Leistikowstraße 2/3
Potsdam, 1986
Amt für Geoinformationswesen der Bundeswehr, Euskirchen

Sitz der Untersuchungsabteilung, Mirbachstraße 2/3
(heute: Leistikowstraße 2/3)
Potsdam, 1938, Atelier Eichgrün
EKH, Potsdam

Der Fall Leonhards Veveris

Der Lette Leonhards Veveris (* 1918) kehrte nach Kriegsende nicht sofort in seine Heimat zurück, die 1940 und 1945 durch die Sowjetunion annektiert worden war. Er arbeitete für die britische Besatzungsmacht in Westdeutschland. Sowjetischerseits galt dies als Vaterlandsverrat. Die Spionageabwehr des Repatriierungslagers Nr. 226 in Brandenburg an der Havel brachte ihn am 20. Juli 1948 in das Gefängnis Leistikowstraße. Er wurde nach Artikel 58/1a des Strafgesetzbuches der RSFSR zu 25 Jahren Lagerhaft verurteilt.

Die Dokumente der Ermittlungsakte zeigen den Verlauf der Untersuchung. Sie erzeugen den Eindruck eines rechtsstaatlichen Verfahrens. Formal lag die sowjetrussische Strafprozessordnung zugrunde. Die sowjetische Militärstaatsanwaltschaft kam 1962 nach Aktenprüfung zu dem Schluss, dass Leonhards Veveris unschuldig war. Er wurde rehabilitiert.

Erste Seite eines Verhörprotokolls
Potsdam, 23. 7. 1948
Historisches Staatsarchiv Lettlands, Riga

Leonhards Veveris' erstes Verhör fand drei Tage nach seiner Ankunft im Gefängnis am 23. Juli 1948 statt. Jede Seite des Protokolls musste er unterschreiben, um die Richtigkeit der Angaben zu bestätigen. Aufgrund seiner Sprachkenntnisse war er im Gegensatz zu deutschen Häftlingen dabei nicht vom Dolmetscher abhängig. Die Protokolle lassen nicht erkennen, inwiefern Aussagen mit Gewalt erpresst wurden.

Haftbefehl
Potsdam, 29. 7. 1948
Historisches Staatsarchiv Lettlands, Riga

Sechs Tage nach dem ersten Verhör unterschrieb der Chef der Militärspionageabwehr, Generalleutnant Iwaschutin, den Haftbefehl. Er wurde vom ranghöchsten Militärstaatsanwalt der Sowjetischen Besatzungszone, Generalmajor Boris Schawer, bestätigt. Veveris musste auf der Rückseite mit seiner Unterschrift beglaubigen, dass ihm der Haftbefehl „in verständlichem Russisch" eröffnet worden war.

Durchsuchungsprotokoll
Potsdam, 30. 7. 1948
Historisches Staatsarchiv Lettlands, Riga

Bei zwei vorangegangenen „Filzungen" hatte der Geheimdienst Leonhards Veveris Wertgegenstände, Kleidung und ein Fahrrad abgenommen. Das Protokoll betrifft die dritte Durchsuchung. Nach Ausstellung des Haftbefehls nahm ihm Hauptmann Wiktor Woronow wichtige persönliche Dokumente ab, von denen Veveris einige im Rahmen der Rehabilitierung in den 1960er-Jahren zurückerhielt. Ein Teil befindet sich nach wie vor in der Ermittlungsakte.

Beschluss über die Einleitung eines Ermittlungsverfahrens
Potsdam, 30. 7. 1948
Historisches Staatsarchiv Lettlands, Riga

Der Untersuchungsführer Hauptmann Woronow verfügte vier Wochen nach der Festnahme Veveris' die Aufnahme eines Ermittlungsverfahrens wegen des Verdachts auf ein Verbrechen nach Artikel 58/1a des sowjetischen Strafgesetzbuches („Vaterlandsverrat"). Damit war die Voruntersuchung abgeschlossen, aus dem Verdächtigen wurde ein Beschuldigter.

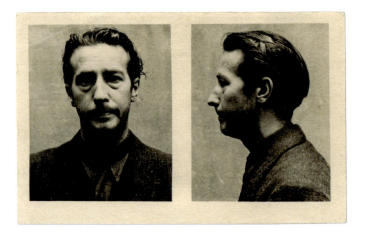

Haftfotos von Leonhards Veveris
undatiert
Historisches Staatsarchiv Lettlands, Riga

Die militärische Spionageabwehr fotografierte Leonhards Veveris von vorn und im Profil. Diese Fotos fanden Eingang in die Ermittlungs- und die spätere Haftakte. Sie sollten dem Geheimdienst bei Fluchten ein schnelles Aufgreifen ermöglichen.

Häftlingspersonalbogen
Potsdam, 30. 7. 1948
Historisches Staatsarchiv Lettlands, Riga

Mit der Einleitung des Ermittlungsverfahrens füllten die Untersuchungsführer solche Personalbögen aus. Nach Angaben der Häftlinge enthalten sie personenbezogene Informationen wie Name, Geburtsdatum und Wohnort.

Protokoll über den Abschluss der Untersuchung
Potsdam, 29. 10. 1948
Historisches Staatsarchiv Lettlands, Riga

Leonhards Veveris wurde während der fünfmonatigen Untersuchungshaft elfmal vernommen, meistens abends, manchmal auch tagsüber. Mit diesem Protokoll schloss der Untersuchungsführer die Ermittlung ab. Es enthält die von ihm erstellten Beweise und diente der Militärstaatsanwaltschaft als Grundlage ihrer Anklage.

**Erinnerungen an die Ermittlungsarbeit der Spionageabwehr
von Waldemar Hoeffding (1886–1979), inhaftiert 1945–1948,
publiziert 1949**
Hörstation, Produktion: Frey Aichele Team, Berlin, 2011

[1] Verhöre (2:20 Min.)
[2] Vernehmer und ihre Methoden (1:20 Min.)

„Die Art und Weise, wie bei den [Vernehmungen] durch die N. K. W. D.-Beamten das Protokoll verfaßt wird, ist ein Kapitel für sich. Es werden nicht in chronologischer Folge, wie es sonst in allen Ländern üblich ist, die Fragen und Antworten zu Papier gebracht, sondern der Vorgang ist in etwa folgender. Zuerst erfolgt – stunden- oder tagelang, je nach Bedeutung des Falles – die [Vernehmung] gewissermaßen in der Form einer ‚zwanglosen Unterhaltung', wobei der Beamte den Verhörten noch dadurch zu verwirren sucht, daß er ständig von einer Frage zur anderen und von einem Zeitpunkt zum anderen überspringt. Dabei macht er sich nur einige Notizen. Wenn er damit fertig ist, beginnt er mit der Abfassung des eigentlichen Protokolls, wobei er Fragen und Antworten ganz willkürlich gruppiert und formuliert. Das leicht verständliche Ergebnis einer solchen Prozedur ist, daß nur die Punkte im Protokoll aufgenommen werden, die dem Interesse der Anklage dienen, während alles, was der Verhörte zu seiner Entlastung anführt, unter den Tisch fällt. Ebenso einseitig sind die Formulierungen, welche die Antworten unter der Feder des Untersuchungsbeamten erhalten. Es ist dabei gang und gäbe, daß dem Angeklagten einfach Äußerungen untergeschoben werden, die er nicht gemacht hat, oder daß durch geschickte Formulierungen die unschuldigsten Aussagen zuungunsten des Angeklagten verdreht werden.

Nun gibt es anscheinend eine wichtige Garantie der Richtigkeit des Protokolls, die angeblich den Interessen des Angeklagten dienen soll. Er muß jede Seite des handgeschriebenen Protokolls lesen und unterzeichnen. Aus zahlreichen Erzählungen der Gefängnis- und Lagerinsassen wurde mir bekannt, daß sie Dinge unterschreiben mußten, die sie entweder überhaupt nicht oder nicht in der ihnen vorgelegten Fassung gesagt hatten. Einige ‚Fatalisten' unterschrieben, ohne das Protokoll überhaupt erst zu lesen. Wenn ich sie fragte, warum sie das täten, erhielt ich gewöhnlich die fast gleichlautende Antwort: ‚Es hat doch alles keinen Zweck, sie machen doch, was sie wollen, und ich werde dadurch nur meine Qualen verlängern und womöglich nur mein Schicksal verschlimmern.'"

Erinnerungen an die Ermittlungsarbeit der Spionageabwehr
von Waldemar Hoeffding (1886–1979), inhaftiert 1945–1948,
publiziert 1949

„Die Untersuchungsbeamten der N. K. W. D. [können] nach der von ihnen verfolgten Methode in zwei Gruppen eingeteilt werden, nämlich in solche, welche der ‚Einschüchterungsmethode' huldigen und in solche, die glauben, ihren Zweck durch Liebenswürdigkeit und höfliche Manieren – sie bieten den Vernommenen auch immer Zigaretten an – besser erreichen zu können. Meine eigenen Erfahrungen haben aber gezeigt, daß diejenigen, welche bei den Einvernahmen grob und unhöflich waren, sich manchmal als die vernünftigeren und anständigeren erwiesen, während gerade die, die sehr liebenswürdig waren, während des Verhörs immerfort scherzten und überhaupt sich freundlich und jovial gaben, die gefährlicheren waren.

Auf diese letzteren traf das russische Sprichwort zu: ‚Er macht das Bett weich, aber ist hart darauf zu schlafen.' […] So traf ich unter den N. K. W. D.-Offizieren, mit denen ich zu tun hatte, sowohl Leute, die eine höhere Schulbildung genossen hatten und als gebildete Leute im europäischen Sinne gelten konnten (obschon sie meist keine Ahnung oder ganz verdrehte Vorstellungen über das Leben im Westen hatten), als auch solche, deren Bildung, gelinde gesagt, sehr zu wünschen übrig ließ."

Erinnerungen an das Personal der Untersuchungsabteilung der Spionageabwehr von Waldemar Hoeffding (1886–1979), inhaftiert 1945–1948, publiziert 1949

Waldemar Hoeffding (l.) vor dem zerstörten Bürohaus Zimmerstraße 79/80
Berlin, Ende Februar 1945, Foto: H. Leuenberger
The University of North Carolina at Chapel Hill, Chapel Hill (NC)

Das Personal der Untersuchungsabteilung

Die Untersuchungsführer verstanden sich als Tschekisten. Gewalt war ihnen nicht fremd; einige verfügten über Erfahrungen aus der Zeit der innersowjetischen Repressionen. Eine Brutalisierung durch den Krieg ist ebenso denkbar, wie Rachegelüste gegenüber Deutschen nicht auszuschließen sind.

Die Häftlinge waren den Untersuchungsoffizieren schutzlos ausgeliefert. Diese bestimmten, in welchen Zellen die Gefangenen untergebracht wurden, ordneten Bestrafungen an und setzten Häftlinge als Spitzel ein. Die Vernehmer entschieden, ob das Material der Untersuchung für eine Anklageerhebung ausreiche. Sie konnten der Militärstaatsanwaltschaft Sachverhalte vorenthalten, die die Häftlinge entlasteten.

Im Vernehmerzimmer
Potsdam, um 1949
NARA, Washington

Büro in der Untersuchungsabteilung
Potsdam, um 1949
NARA, Washington

Das Foto zeigt Major Nikolai N. Terjoschin (r.), stellvertretender Chef der Unterabteilung I, und Dolmetscher Rafail Goldfarb (l.).
Bis 1949 verhörten die beiden vornehmlich deutsche Häftlinge.

„Die erste Prügel haben mir ein Vernehmungshauptmann und sein Vorgesetzter, der Chef der Vernehmungs- und Instruktionsgruppe in Potsdam, Major Gorin, verpaßt. […] Dem Major Gorin paßten die Erläuterungen nicht […]. Denn es ging aus ihnen keineswegs hervor, daß ich in der Schule der Gestapo oder in einer ähnlichen Spionageschule in Frankreich, den USA oder England ausgebildet worden wäre. Das aber brauchte er […]. Von da an griff der Major Gorin zum wirksamsten Mittel, mit dem er glaubte, die Angaben zu erreichen, die er brauchte: Prügel und besonders Angst vor Prügel." (1982)

Erinnerungen von Johann Urwich (1926–1994), inhaftiert 1947, an Oberstleutnant Nuchim N. Gerschgorin (Auszug)

Oberstleutnant Nuchim N. Gerschgorin, Chef der Untersuchungsabteilung
um 1949
NARA, Washington

„Der Verhörer, der war eigentlich ganz nett. […] Ich muss wohl gesagt haben ‚Ich möchte so gerne mal raus und die Bäume sehen.' Und da sagt er: ‚Wir können eben nicht alles haben, was wir wollen. Denken Sie, mir macht das hier Spaß?' Und dann stand er auf und machte das Fenster auf, und dann kam die frische Luft rein, und dann sagte er: ‚Wenn ich das hier sehe, wäre ich lieber in meiner Heimat, als hier in einem fremden Land.'" (2010)

Erinnerungen von Johanna H. (* 1923), inhaftiert 1948, an Hauptmann Nikolai Wlassow (Auszug)

Hauptmann Nikolai Wlassow, Oberuntersuchungsführer
um 1949
NARA, Washington

Hauptmann Dmitri Tichomirow, Oberuntersuchungsführer
um 1949
NARA, Washington

„Am anderen Tag wurde ich vormittags wieder zum Verhör geholt, doch nun war es [Hauptmann] Tichomirow. Ein blonder, schmaler, ruhiger Mensch, der immer wie ein Lehrer wirkte. So gingen die Tage. Vormittags und nachmittags Verhöre, manchmal auch nachts, doch mit Tichomirow waren die Verhöre meist nicht beängstigend. Eine hohe Birke sah ich durchs Fenster, allmählich wurden die Blätter gelb. Man hörte Grammophonmusik zuweilen, und Tichomirow fragte mich, ob ich auch all die Schlagermelodien kenne. Er freute sich, wenn die Platte mit ‚Rosemarie' ertönte, das merkte ich ihm an." (1954)

Erinnerungen von Marlise Steinert (1904–1982), inhaftiert 1947, an Hauptmann Dmitri Tichomirow (Auszug)

Hauptmann Rafail Goldfarb, Dolmetscher
um 1949
NARA, Washington

„Im Verhörzimmer stand ein Schreibtisch, an dem der vernehmende Offizier und der Dolmetscher Goldfarb saßen. Der Major fragte auf Russisch, und Goldfarb übersetzte. Ob er meine Antworten korrekt wiedergegeben hat, konnte ich nicht kontrollieren, denn ich sprach kein Russisch. [...] Goldfarb gab sich manchmal sehr jovial. Seine Stimme steigerte er nur, wenn es Unklarheiten gab zwischen meiner Aussage und der Aussage eines anderen Häftlings. Dann musste eine Übereinstimmung hergestellt werden. Die Spionageabwehr wählte diejenige Aussage aus, die belastender war. Denn zu ihrer Methode gehörte, laut Goldfarb, ‚lieber zehn Unschuldige einsperren, als einen Schuldigen laufen lassen'." (2010)

Erinnerungen von Gerhard Penzel (1917–2017), inhaftiert 1947, an Hauptmann Rafail Goldfarb (Auszug)

Zusammenarbeit mit dem Ministerium für Staatssicherheit der DDR in den 1950er-Jahren

Die Militärspionageabwehr schaltete bei Ermittlungen und Verhaftungen das Ministerium für Staatsicherheit der DDR (MfS) und dessen Vorgänger die Dezernate/Kommissariate K 5 der Volkspolizei ein. Das MfS übergab ihrerseits der Spionage oder antisowjetischer Tätigkeit verdächtigte DDR-Bürger an den sowjetischen Geheimdienst.

Das MfS wurde 1950 gegründet und nach sowjetischem Vorbild aufgebaut. In den ersten Jahren hatten sowjetische Abwehrmitarbeiter noch Befehlsgewalt, später eine Berater- und Kontrollfunktion. Verbindungsoffiziere unterhielten regelmäßige Arbeitskontakte.

Überstellungsvermerk des MfS zur Gruppe Ball aus Neubrandenburg
Schwerin, 1. 8. 1952
BStU, Berlin

Der Fall Ljubow Meins

Die gebürtige Ukrainerin Ljubow Meins (* 1913) arbeitete als Hausangestellte in einem Hotel für sowjetische Offiziere in Luckenwalde. Das MfS verhaftete sie im November 1950 und überstellte sie nach drei Tagen in das Untersuchungsgefängnis Leistikowstraße. Ihr wurde vorgeworfen, Informationen über sowjetische Offiziere und Militärobjekte für den amerikanischen Geheimdienst gesammelt zu haben. Sie wurde zum Tode verurteilt und am 6. Dezember 1951 in Moskau erschossen. Die russische Hauptmilitärstaatsanwaltschaft rehabilitierte sie 1995 posthum.

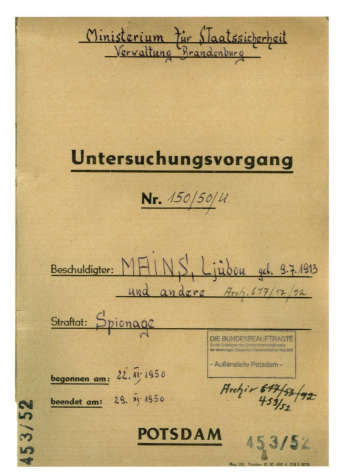

Aktendeckblatt zum MfS-Untersuchungsvorgang gegen Ljubow Meins
Berlin, 1950
BStU, Berlin

Ljubow Meins in Untersuchungshaft des MfS
Potsdam, 1950
BStU, Berlin

Ljubow Meins in Untersuchungshaft der sowjetischen Spionageabwehr
Potsdam, Gefängnis Leistikowstraße, 1950/1951
FSB und RGWA, Moskau/ Facts & Files, Berlin

Zusammenarbeit mit dem Ministerium für Staatssicherheit der DDR ab den 1960er-Jahren

Ab 1963 übernahm die MfS-Spionageabwehr die Außenabsicherung der sowjetischen Militärobjekte in der DDR von der sowjetischen Spionageabwehr. Beide Dienststellen kooperierten in verstärktem Maße auch bei Fahndungen und Personenüberprüfungen. Dabei wurden sie durch Einheiten der Nationalen Volksarmee und der Volkspolizei unterstützt.

Diese Zusammenarbeit kam auch bei Fluchtversuchen sowjetischer Soldaten und Offiziere zum Tragen. Anlass für die Desertion war oftmals der brutale Drill in den Kasernen, die Gewalt in den eigenen Reihen, Hunger und auch Heimweh. Nur wenige Fluchten gelangen. Manche Militärangehörige wehrten sich mit Waffengewalt gegen die Festnahme. Einige wurden dabei erschossen. Gefasste Deserteure wurden in das Gefängnis Leistikowstraße gebracht.

Fahndungsfoto des flüchtigen Soldaten Sergej T.
1984
BStU, Berlin

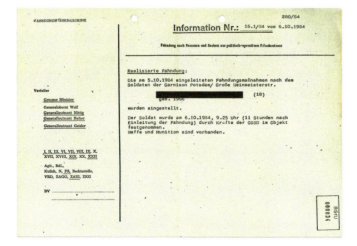

Information der Fahndungsführungsgruppe des MfS
6. 10. 1984
BStU, Berlin

Der Überläufer Rafail Goldfarb

1949 lief Rafail Goldfarb, Dolmetscher der sowjetischen Spionageabwehr, zum amerikanischen Militärgeheimdienst CIC über. Um vertrauenswürdig zu erscheinen, gab er bereitwillig Auskunft über seine dreijährige Tätigkeit in der Untersuchungsabteilung.

Erinnerungen aus der Perspektive eines Mitarbeiters des sowjetischen Geheimdienstes sind eine Besonderheit. Rafail Goldfarbs Ausführungen geben Einblick in die Vorgehensweise der sowjetischen Spionageabwehr. Deutlich wird, wie sehr sie sich auf Informanten und Denunzianten aus der deutschen Bevölkerung stützte.

Insgesamt ist der Bericht von Goldfarb kritisch zu lesen. Recherchen konnten seine Aussagen zum Teil erhärten. Es bleibt aber unklar, welche der von Goldfarb überlieferten Häftlingsaussagen möglicherweise auf erpressten Geständnissen beruhen und inwieweit sie den Tatsachen entsprechen.

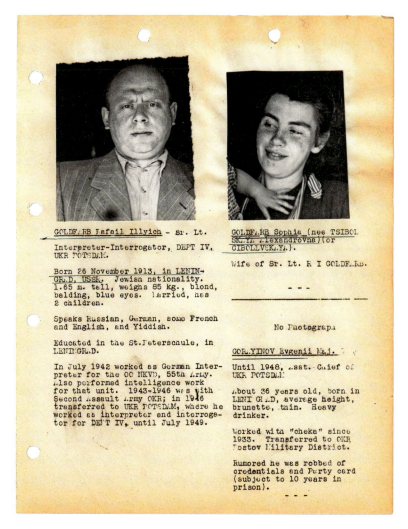

Steckbrief von Rafail Goldfarb und seiner Frau
Washington, um 1949
NARA, Washington

Rafail Goldfarbs Bericht

Rafail Goldfarb berichtete von sieben Vorgängen, an denen er als Dolmetscher beteiligt war. Den Inhaftierten wurden Kriegsverbrechen, Spionage, Vaterlandsverrat, Fahnenflucht und „Werwolf"-Aktivitäten vorgeworfen.

Inwieweit diese Anschuldigungen jeweils der Wahrheit entsprachen, ist nicht zu beantworten. Goldfarb selbst erklärte, dass man mit sowjetischen Verhörmethoden „jedes gewünschte Resultat", also jedes gewünschte Geständnis, erzielen konnte. Dass die Spionageabwehr darauf im Fall der 16 Feuerwehrmänner aus Fürstenwalde verzichtete, ist als Ausnahme zu verstehen: Unter „Werwolf"-Verdacht verhaftet und der Gruppenbildung beschuldigt, wurden 14 von ihnen nach vier Monaten wieder entlassen. Die anderen beiden haben die Untersuchungshaft nicht überlebt.

Rafail Goldfarb und Major Nikolai N. Terjoschin im Büro
Potsdam, um 1949
NARA, Washington

An den Ermittlungen waren beteiligt: der Leiter der Untersuchungsabteilung Nuchim Gerschgorin, sein Stellvertreter Artom Garascha, die Abteilungschefs Nikolai N. Terjoschin und Nikolai Tereschenko, die Vernehmer Dmitri Tichomirow und Konstantin Artjomenko, die Dolmetscher Dmitri Gorelik, Boris Scherman und Rafail Goldfarb.

Deckblatt des Berichtes von Rafail Goldfarb
Rafail Goldfarb, um 1949
NARA, Washington

Rafail Goldfarb gab seinem russischsprachigen Bericht den Titel „Verzeichnis und Beschreibung der charakteristischsten Verfahren gegen Personen, die durch die Organe der sowjetischen Spionageabwehr der Gruppe der sowjetischen Streitkräfte in Deutschland im Zeitraum von 1946–1949 verhaftet wurden".

Goldfarbs Fall Nr. 1

Vorwurf: Kriegsverbrechen

Die militärische Spionageabwehr beteiligte sich auch an der Verfolgung von NS- und Kriegsverbrechern. Dem Polizisten Max Porth (* 1900) wurde vorgeworfen, als Feldgendarm der Wehrmacht in Weißrussland Zivilisten erschossen zu haben. Auslöser seiner Verhaftung war die Aussage einer deutschen Informantin. Sie hatte berichtet, dass sie von einer gemeinsamen Bekannten von seiner Teilnahme an einer Erschießungsaktion wisse. Zwei Monate nach seiner Verhaftung im März 1946 wurde Max Porth durch ein Sowjetisches Militärtribunal zum Tode verurteilt.

Max Porth war als Feldgendarm bei der Ortskommandantur 653 im Bereich der Heeresgruppe Mitte in Weißrussland eingesetzt. Die Beteiligung der Ortskommandanturen an antisemitischen Massenmorden ist historisch belegt. Für die sowjetische Justiz war durch seine Privatkorrespondenz der Beweis seiner persönlichen Schuld erbracht.

DRK-Suchkartei zu Max Porth

Hamburg, 11. 12. 1956
DRK-Suchdienst, München

Der Suchdienst des Deutschen Roten Kreuzes (DRK) bemüht sich seit 1945 weltweit, die Schicksale vermisster Kriegs- und Zivilgefangener zu klären. Im Fall Max Porth hat das DRK das Verhaftungsdatum und den mutmaßlichen Haftgrund – Zugehörigkeit zur Feldgendarmerie – in Erfahrung bringen können. Als Sterbedatum wird der 12. Juli 1948 genannt; vermutlich wurde er erschossen.

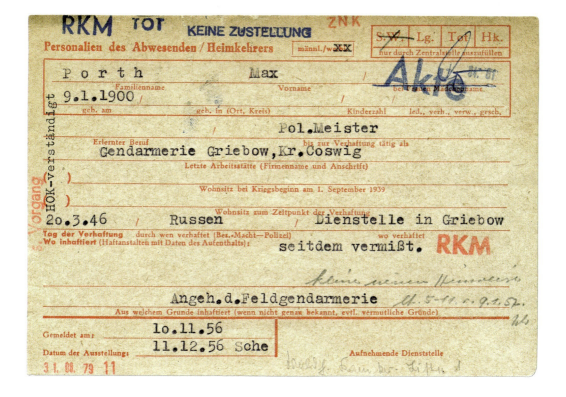

Bericht über den Fall 1
(Übersetzung des russischen Originals)
Rafail Goldfarb
um 1949
NARA, Washington

„Der Fall des Max PORTH, der der Kriegsverbrechen zur Zeit der deutschen Besatzung Weißrusslands angeklagt wurde
Sommer 1946   Ermittlung geleitet durch:
                Chefermittler Nikolai TERJOSCHIN

Die Voruntersuchung des Falles PORTH ergab, dass PORTH während des Krieges einer Feldgendarmerie-Einheit der deutschen Besatzungstruppen in Weißrussland angehört hatte. Von dort aus korrespondierte er mit seiner in POTSDAM wohnhaften Bekannten. In seinen Briefen beschrieb er seine Zeit auf besetztem Gebiet, seine Eindrücke des Landes usw. In einem dieser Briefe beschrieb PORTH ausführlich eine Operation bei der Erschießung sowjetischer Bürger (Juden), an der er selbst aktiv teilgenommen hatte. PORTHS Bekannte zeigte die Briefe einer Freundin, die später vom sowjetischen Geheimdienst als Informantin angeworben wurde und diesem diese Auskünfte übermittelte. Eine Untersuchung wurde eingeleitet, und es stellte sich heraus, dass PORTH die angeblichen Verbrechen tatsächlich begangen hatte. Daraufhin wurde er durch die UKR [Zentrale Verwaltung der militärischen Spionageabwehr in Potsdam] verhaftet und der ABTEILUNG IV zur weiteren Ermittlung und Vernehmung überstellt. Ich nahm daran als Dolmetscher teil. Während der zwei Monate dauernden Untersuchung wurden seine Aktivitäten in Weißrussland zur Gänze offengelegt, und PORTH gestand seine Schuld. Das sowjetische Militärgericht in Deutschland, GSOV, verurteilte ihn zum Tod durch Erschießen."

Goldfarbs Fall Nr. 2

Vorwurf: Spionage

Gerhard Penzel (1917–2016) und Dora Birlack (* 1922) sammelten Informationen für einen westlichen Geheimdienst. Penzels Motive sind bekannt: Er war gegen die politischen Entwicklungen in der SBZ eingestellt. Dazu kam ein gewisses Maß an Abenteuerlust.

Welche Bedeutung diesem Fall beigemessen wurde, zeigt sich daran, dass General Pawel W. Seljonin, der Chef der militärischen Spionageabwehr, persönlich anwies, Gerhard Penzel zu schlagen. Er sollte die Namen von „Mitverschwörern" nennen.

Insgesamt wurden 16 – teilweise gänzlich unbelastete – Personen unter dem Vorwurf der Spionage verhaftet und nach mehrmonatiger Untersuchungshaft zu 15 bis 25 Jahren Lagerhaft verurteilt.

Laut Goldfarb hatte dieser Fall ein Nachspiel. Weil Dora Birlack als Haushaltshilfe eines sowjetischen Generals vertrauliche Papiere an sich genommen haben soll, durften fortan keine deutschen Dienstmädchen mehr für Offiziere der Besatzungsarmee arbeiten.

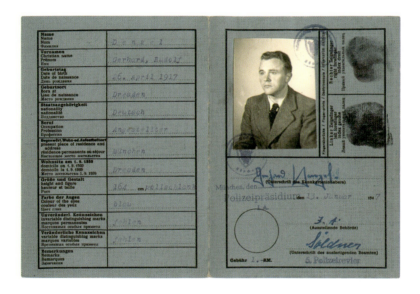

Ausweis von Gerhard Penzel
München, 13. 1. 1947
Gerhard Penzel, Weyhe

Als Einkäufer einer Werkzeugfirma getarnt, reiste Gerhard Penzel regelmäßig von der britischen in die sowjetische Zone. Mithilfe von Informanten sammelte er dort Angaben über die sowjetische Armee.

Ärztliche Bescheinigung für Gerhard Penzel
Goslar, 15. 2. 1947
Gerhard Penzel, Weyhe

Auch diese gefälschten Entlassungspapiere aus einem Kriegsgefangenenlazarett dienten Penzel der Tarnung. Als gebürtiger Dresdner konnte er damit problemlos in die Sowjetische Besatzungszone reisen. Der ausstellende Arzt Dr. Lux hatte ihn im Sommer 1946 als Agenten für einen amerikanischen Geheimdienst angeworben.

Reisegenehmigung für Gerhard Penzel
Zwinge, 27. 3. 1947
Gerhard Penzel, Weyhe

Interzonenverkehr war nur mit besonderen Genehmigungen möglich. Dieses von der Deutschen Reichsbahn ausgegebene Dokument nennt Penzels Reiseziele in der Sowjetischen Besatzungszone, die er wegen seiner Verhaftung in Erfurt nicht mehr erreichen sollte.

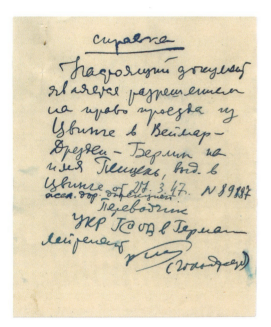

Russische Übersetzung der Reisegenehmigung für Gerhard Penzel
Rafail Goldfarb
Potsdam, 1947
Gerhard Penzel, Weyhe

Zu den Aufgaben des Dolmetschers Rafail Goldfarb gehörte es, alle Schriftstücke zu übersetzen, die ein Verhafteter bei sich geführt hatte, so auch im Fall Gerhard Penzels.

Gerhard Penzel (o. l.) mit seiner Schwester Edith Zefel (u. l.) und weiteren Geschwistern
Dresden, um 1940
Gerhard Penzel, Weyhe

Die militärische Spionageabwehr verhaftete Edith Zefel (1915–2009), weil ihr Bruder sie häufig in Dresden besucht hatte. Die junge Mutter wurde wegen angeblicher Mitwisserschaft zu 15 Jahren Lagerhaft verurteilt. Sie kam 1954 wieder frei.

Erste Seite des Urteils
Potsdam, 28. 8. 1947
Gerhard Penzel, Weyhe

Das Tribunal der Sowjetischen Militäradministration Brandenburg verurteilte nach einem mehrtägigen Prozess im August 1947 Dora Birlack (* 1922), Gerhard Penzel und 14 Mitangeklagte wegen „Spionage". Gerhard Penzel erhielt 25 Jahre Lagerhaft. Nach acht Jahren Haft in Bautzen, Halle (Saale) und Workuta (Sowjetunion) kehrte er 1955 zurück.

Bericht über den Fall 2
(Übersetzung des russischen Originals)
Rafail Goldfarb
um 1949
NARA, Washington

„Der Fall des PENZEL, Gerhard, des MELSA, Kurt, der BIRLACK, Dora und anderer, die unter Verdacht stehen, für amerikanische Geheimdienste zu arbeiten.

Sommer 1947   Ermittlung geleitet durch:
               Chef-Ermittler TERJOSCHIN,
               Ermittler KASANZEW,
               Dolmetscher SCHERMAN und
               GOLDFARB.

Bei einem Treffen mit einem seiner Agenten erfuhr ein Mitarbeiter einer OKR-Abteilung [Militärische Spionageabwehr bei den Truppen], die dem OKR der 8. Armee angeschlossen war, dass sein Agent eine junge Frau – die Dora BIRLACK – bei einem Tanzvergnügen getroffen habe, mit dieser gut bekannt geworden sei und ihr volles Vertrauen gewonnen habe. Die junge Frau war als Dienstmädchen im Hause eines sowjetischen Generals angestellt. Sie verriet dem Agenten, dass ein Deutscher aus der westlichen Besatzungszone sie regelmäßig besuche und dass sie für diesen Informationen einholen würde.

Der Mitarbeiter setzte hierüber sofort seinen Vorgesetzten in Kenntnis, der daraufhin verlangte, eine Zusammenkunft einzuleiten, damit er den Agenten treffen könne. Die Zusammenkunft fand statt, und der Chef der OKR-Abteilung hörte den Agenten an. Rasch wurde ein Bericht an den Befehlshaber des OKR der 8. Armee weitergeleitet, dieser avisierte seinerseits den Befehlshaber des UKR (POTSDAM) [Zentrale Verwaltung der militärischen Spionageabwehr in Potsdam], und dieser wiederum beauftragte den Chef der ABTEILUNG II (UKR), Oberstleutnant MURSIN, und Chef-Ermittler TERJOSCHIN mit der Untersuchung des Falles.

Während der Voruntersuchung wurde offengelegt, dass Dora BIRLACK in Verbindung mit Kurt MELSA, einem Kontaktmann der amerikanischen

Spionage, stand. MELSA wurde verhaftet und verhört. Er gestand, PENZEL mehrfach Informationen ausgehändigt zu haben, als der die Sowjetzone besuchte, um diese Informationen abzuholen.

PENZEL wurde bei seinem nächsten geplanten Besuch in MELSAS Wohnung verhaftet. Er leistete keinerlei Widerstand. Zunächst leugnete er, für einen ausländischen Geheimdienst zu arbeiten. Als aber körperliche Maßnahmen angewendet wurden und nach Drohungen von MURSIN (auch setzte man ihn darüber in Kenntnis, dass einige seiner Komplizen bereits verhaftet wurden) gab er zu, für einen ausländischen Geheimdienst zu arbeiten.

Nach Überstellung in die IV. Abteilung der UKR (Untersuchungsabteilung) ergab die Vernehmung des PENZEL, dass dieser im Krieg Infanterieleutnant gewesen war und gegen Ende des Krieges in einem Lazarett irgendwo in West-Deutschland gelegen hatte. PENZELS Arzt in diesem Krankenhaus war ein gewisser WOLF [d. i. Dr. Lux] – ein deutscher Staatsbürger. Er besuchte ihn regelmäßig und unterhielt sich mit ihm über Politik. WOLF [d. i. Dr. Lux] war es auch, der ihn 1946 als Agenten anwarb, um Auskünfte über die sowjetische Besatzungsmacht in Deutschland einzuholen. An die Details der Anwerbung von PENZEL kann ich mich nicht erinnern. Im Laufe von PENZELS Vernehmung wurde jedoch nicht geklärt, um welche amerikanische Geheimdienst-Organisation es sich handelte. Er erklärte, für die Amerikaner zu arbeiten, und dass man ihn mit Geld und amerikanischen Zigaretten bezahlte. Einen Teil der Zigaretten nutzte er als Bezahlung für seine Gewährsmänner. Seine Verbindungsleute waren WOLF [d. i. Dr. Lux] und ein anderer Deutscher, dessen Namen er nicht wusste. PENZEL gab weiterhin zu, dass er beauftragt worden sei, ein Agenten-Netz in der Sowjetzone aufzubauen.

Der Fall des PENZEL wurde unter den sowjetischen Geheimdienstangehörigen berühmt als ‚Der Fall des amerikanischen Spions PENZEL'.

Durch PENZELS Netz sollten folgende Auskünfte über die Sowjetzone eingeholt werden: Zulassungsnummern sowjetischer Fahrzeuge, Familiennamen sowjetischer Offiziere. Weiterhin sollten aus deren Wohnungen Briefe entwendet werden, die sie aus Russland erhielten, sowie nach Möglichkeit Papiere und sowjetische Armeezeitungen sowie die Standorte militärischer Einheiten ermittelt werden.

Weiterhin wurden PENZELS Komplizen ebenfalls verhaftet. Diese waren: ein gewisser HOFMANN, kriegsversehrt durch eine Kopfverletzung, die mit einer Silberplatte abgedeckt war. Er litt an Epilepsie. Weiterhin STANDARE, Wilhelm, STANDARE, Wolfgang (Wilhelms Neffe), ein Ehepaar, wohnhaft in MERSEBURG (ein Ingenieur der BUNAWERKE, einer Fabrik zur Herstellung von synthetischem Kautschuk, und dessen Frau), an deren Namen ich mich nicht erinnere, sowie PENZELS Schwester und noch 3–4 Leute, an die ich mich überhaupt nicht erinnere.

Es ist festzustellen, dass einen direkten Bezug zu dieser Organisation – oder wie man sie bei der UKR nannte: zur Residentur des amerikanischen Geheimdienstes – nur PENZEL, BIRLACK, MELSA und HOFMANN hatten, die sich wirklich aktiv mit der Sammlung von nachrichtendienstlichen Informationen beschäftigten. Die übrigen Personen, die durch die IV. Abteilung verhaftet wurden, hatten nur bedingt oder gar keine Beziehung zum Geheimdienst. Es genügte, dass einer der vier aktiven Nachrichtenbeschaffer bei einem der Verhöre angab, dass er während der Informationsbeschaffung einen ihm bekannten Deutschen aufsuchte und ihm dabei [in] nebulöser Form von seiner ‚geheimen' Arbeit erzählte, so wurde dieser Deutsche, im Zuge der ‚Ausweitungen der Ermittlungen', auch verhaftet. Wenn bei den Ermittlungen weitere Schuldige verhaftet wurden und diese Verhaftungen durch die IV. Abteilung geschahen, so bedeutete es, dass der Untersuchungsrichter den Fall aufgerollt hat, und das wiederum galt als Maß für die gute Arbeit des Untersuchungsrichters. Aufgrund von Aussagen eines der Verhafteten dieser Gruppe wurde ermittelt, dass PENZEL Kontakt zu einem Ingenieur der Fabrik für synthetischen Kautschuk BUNAWERKE und zu dessen Frau hatte. Beide waren aus der Sowjetischen Besatzungszone aus der Stadt Merseburg. An deren Namen kann ich mich nicht erinnern. PENZEL nannte jedoch bei der Vernehmung keine weiteren Namen. Da übernahm der Chef der UKR GSOV in Deutschland Generalleutnant SELJONIN das Verhör. Er erschien um zwei Uhr nachts in der IV. Abteilung und verhörte nun selbst PENZEL im Beisein von Major GERSCHGORIN und des Oberuntersuchungsführers TERJOSCHIN (ich war Dolmetscher). PENZEL wiederholte erneut, dass er bei seiner geheimdienstlichen Tätigkeit mit niemandem weiter Kontakt hatte. Daraufhin verlor SELJONIN seine Geduld und gab GERSCHGORIN die Anweisung, PENZEL zu schlagen. Während dieser Art der Vernehmung, an der GERSCHGORIN, TERJOSCHIN und teilweise SELJONIN teilnahmen, gab PENZEL auf und nannte diese zwei Personen, den Ingenieur und seine Frau. Das Ehepaar wurde für schuldig befunden und zu 15 bis 20 Jahren Arbeitslager verurteilt. Sie waren schuldig, weil PENZEL einmal mit ihnen Verbindung aufgenommen hatte – er hatte sie gefragt, ob sie Auskünfte für einen Nachrichtendienst einholen würden. Der Ingenieur hatte rundheraus abgelehnt, seine Frau aber sagte, sie wolle sich die Sache überlegen. Sie haben keinerlei geheimdienstliche Tätigkeiten ausgeführt.

Bei den Ermittlungen wurde festgestellt, dass Dora BIRLACK unter Ausnutzung ihrer Tätigkeit als Dienstmädchen bei einem General (an den Familiennamen kann ich mich nicht erinnern) aktiv nachrichtendienstliche Informationen für PENZEL gesammelt hatte. Einmal hatte sie bei ihm ein Notizbuch gestohlen, das eine vollständige Liste von Heereseinheiten, deren Positionen, Art und Stärke der Bewaffnung usw. enthielt. Im Notizbuch waren ebenfalls sorgfältig Einzelheiten über die Kampfbereitschaft verschiedener Einheiten sowie Ausbildungspläne verzeichnet.

Eine Sonderkommission aus drei fachkundigen Offizieren wurde einberufen, um die Bedeutung dieser Informationen zu überprüfen; die Kommission bestätigte den hohen Wert, den diese Informationen für die Streitkräfte besäßen. Das Notizbuch wurde in der Wohnung von BIRLACK gefunden, da sie nicht die Gelegenheit hatte, es PENZEL vor seiner Verhaftung zu übergeben. Der General, dem dieses Notizbuch gehörte, erhielt eine Rüge und wurde später degradiert. Außer diesem Notizbuch entwendete BIRLACK bei diesem General alte Briefe, Zeitungen und den Inhalt des Papierkorbs. Dieser Vorfall zog den Befehl des Militärrates nach sich, dass, außer in besonderen Fällen, keine deutschen Dienstmädchen mehr bei hochrangigen Offizieren angestellt werden dürften.

PENZELS Schwester wurde nur deshalb verhaftet, weil sie von der Arbeit ihres Bruders für einen ausländischen Nachrichtendienst wusste und dies nicht den Sowjetbehörden angezeigt hatte. Auch hatte sie für ihn einen Bericht getippt, wofür er sie bezahlt hatte. Es gab sieben oder acht geringfügig schuldige oder gänzlich unschuldige Personen.

Der Fall wurde dem Militärtribunal übergeben. Die Untersuchung dauerte etwa sieben Monate. PENZEL, BIRLACK, HOFMANN und MELSA wurden zu 25 Jahren in einem Arbeitslager, die anderen zu 15 bis 20 Jahren verurteilt. Keiner wurde begnadigt."

Goldfarbs Fall Nr. 3

Vorwurf: Vaterlandsverrat und Spionage

Der Gedanke an die Rückkehr in ein vom Krieg zerstörtes Land verstörte viele Angehörige der sowjetischen Besatzungstruppen. Die ungewissen Zukunftsaussichten schreckten ebenso ab wie die politischen Verhältnisse in der Heimat.

Vielleicht versuchten Jakow und Jadwiga Litwinenko (* 1908 und * 1922) deshalb, sich in den Westen abzusetzen. Sie sollen sich 1948 – wie Rafail Goldfarb ein Jahr später – einem US-Geheimdienst angedient haben: Informationen im Tausch gegen eine Starthilfe beim Neuanfang.

Möglich ist ebenfalls, dass das Ehepaar Opfer der Sicherheitsparanoia der sowjetischen Staatssicherheit wurde. Dass es Überläufer geben musste, stand aus ihrer Perspektive von vornherein fest. Sie zu verfolgen, war der ehrenvollste Auftrag der Spionageabwehr. Ein „Spionagenetz" samt Verbindungsmann zu einem US-Dienst auszuheben, galt dabei als besonderer Nachweis „tschekistischer Wachsamkeit".

Die Litwinenkos wurden zusammen mit vier weiteren Personen vor ein Militärtribunal gestellt. Des Vaterlandsverrats und der Spionage für schuldig befunden, wurden beide zu je 25 Jahren Lagerhaft verurteilt.

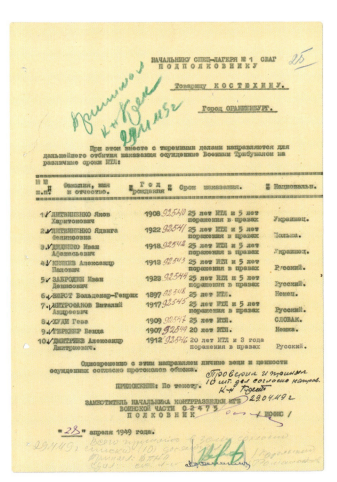

Überstellungsliste
Potsdam, 28. 4. 1949
GARF, Moskau

Die gebürtige Polin Jadwiga Litwinenko und ihr ukrainischer Mann Jakow wurden nach ihrer Verurteilung Ende April 1949 zusammen mit acht weiteren Häftlingen in das Speziallager Nr. 1 in Sachsenhausen überstellt. Von dort wurden die beiden im Juni in Arbeitslager in der Sowjetunion deportiert.
Jadwiga Litwinenko kehrte aus dem Gulag nach Polen zurück. Heute lebt sie in Polen und in Österreich. Das Schicksal ihres Mannes ist unbekannt.

Goldfarbs Fall Nr. 4

Vorwurf: Fahnenflucht

Zu den „tschekistischen Operationsmethoden", wie Goldfarb es nennt, zählten erwiesenermaßen auch Entführungen Verdächtiger aus den anderen Besatzungszonen oder West-Berlin. In diesem Fall handelte es sich um ein Liebespaar: Die Deutsche Lieselotte Vick (1918–1982) und der sowjetische Oberst Jarchow hatten sich in die britische Zone abgesetzt.

Die Spionageabwehr hatte davon durch einen deutschen Agenten erfahren, der sich auch an der Entführung der beiden beteiligte. Der Frau gelang die Flucht; Jarchow wurde in das Untersuchungsgefängnis in der Leistikowstraße verschleppt. Während der Verhöre räumte er Kontakte zu US-Offizieren ein. Der schon erwähnte Agent überredete derweil Lieselotte Vick zur Rückkehr in die Sowjetische Besatzungszone. Dort wurde sie verhaftet.

Da Lieselotte Vick verdächtigt wurde, ihre Haushälterin ermordet und während des Krieges für den britischen Geheimdienst gearbeitet zu haben, zog sich die Verhandlung über acht Monate hin. Verurteilt wurde sie schließlich zu 10 Jahren Lagerhaft wegen Beihilfe zur Flucht. Oberst Jarchow wurde wegen Desertion und Begünstigung amerikanischer Spionage zum Tode verurteilt und zu 25 Jahren Arbeitslager begnadigt.

Haftkarteikarte von Lieselotte Vick (geb. Füning)
Hoheneck, 1950–1956
Bundesarchiv, Berlin

Um die Liebesbeziehung mit einem sowjetischen Offizier geheim zu halten, soll Lieselotte Vick nach Auffassung der Spionageabwehr ihre Haushälterin ermordet haben. Verurteilt wurde sie allerdings wegen Beihilfe zur Flucht. Sie kam in das Speziallager Nr. 7 in Sachsenhausen, später in die Frauen-Haftanstalt in Hoheneck. 1956 wurde Lieselotte Vick entlassen.

Goldfarbs Fall Nr. 5

Vorwurf: Spionage

Anfang 1948 verhaftete eine nachgeordnete Spionageabwehrabteilung einen Mitarbeiter des Schwedischen Roten Kreuzes namens Andersen. Er befand sich auf einer privaten Reise im sowjetischen Sektor von Berlin. Ihm wurde Spionage vorgeworfen.

Andersen verweigerte nicht nur ein Geständnis, er war selbst aus Sicht seiner Vernehmer unschuldig. Aber es sollte der Anschein eines rechtsförmigen Verfahrens gewahrt bleiben, „um den Staatsanwalt nicht in Verlegenheit zu bringen". Dass Andersen nach über einem Jahr Untersuchungs- und Sonderhaft im Militärstädtchen Nr. 7 schließlich ein Geständnis ablegte, liest sich in Goldfarbs Bericht als Verzweiflungstat des Schweden.

Im Juli 1949 verhandelte ein Sondergericht in Moskau (OSO) den Fall. Ein Urteil ist nicht überliefert.

Goldfarbs Fall Nr. 6

Vorwurf: Vaterlandsverrat

Ende 1948, Anfang 1949 war der sowjetische Ingenieur und Armeeangehörige Pilipenko nach West-Berlin geflohen. Von dort hatte er einem sowjetischen Freund und dessen Frau brieflich zur Flucht in den Westteil der Stadt geraten. Das Ehepaar soll daraufhin tatsächlich in den amerikanischen Sektor gereist sein, kehrte jedoch noch am selben Tag zurück.

Kurze Zeit später wurde das Ehepaar verhaftet. In seinem Besitz fand sich besagter Brief. Des Vaterlandsverrats für schuldig befunden, erhielten beide 25 Jahre Lagerhaft. Eine dritte Person, die den Brief ursprünglich überbracht hatte, wurde zu drei Jahren Haft verurteilt.

Laut Goldfarbs Darstellung nahm der Befehlshaber der sowjetischen Streitkräfte in Deutschland den sogenannten Fall Pilipenko zum Anlass, schärfere Strafen bei Desertion anzudrohen.

Goldfarbs Fall Nr. 7

Vorwurf: „Werwolf"

Goldfarb spricht von einem „Wunder": Nach mehrmonatiger Untersuchungshaft wurde eine Gruppe von Fürstenwalder Feuerwehrmännern entlassen, die im Februar 1946 als mutmaßliche „Werwölfe" verhaftet worden waren.

Kurz vor Ende des Zweiten Weltkrieges hatte NS-Propagandachef Joseph Goebbels zur Bildung von bewaffneten Guerilla-Truppen, sogenannten Werwölfen, aufgerufen. Trotz erster Anschläge blieb der „Werwolf" im Wesentlichen ein Propagandamythos, der jedoch bei allen alliierten Besatzungsmächten sehr gefürchtet war.

Die Spionageabwehr wurde durch einen deutschen Informanten auf die Feuerwehrmänner aufmerksam. Sein Hinweis auf angebliche „Werwolf"-Aktivitäten führte zu ihrer sofortigen Verhaftung. Die Verhöre erbrachten jedoch nicht die gewünschten Schuldbekenntnisse, weshalb der Informant noch einmal vernommen wurde. Es stellte sich heraus, dass er, um seinen Führungsoffizier zufriedenzustellen, gelogen hatte. Ohne weiteres Verfahren wurde er in eines der Speziallager in der Sowjetischen Besatzungszone verbracht.

Walter Mord
um 1940
Günther Mord, Fürstenwalde

Walter Mord (1891–1961) gehörte zu den Fürstenwalder Feuerwehrleuten, die als vermeintliche „Werwölfe" über Monate eingesperrt und verhört wurden. Sein damals 27-jähriger Sohn erinnert sich, dass der Vater bei der Entlassung stark abgemagert und erschöpft war.

„[1946] werden 20–25 Feuerwehrleute, die aus Kriegszeiten noch im Dienst (ohne NS-Vergangenheit) und nicht mitgeflüchtet waren, durch die russischen Behörden bei Nacht und Nebel abgeholt. Vorwiegend alle die, die 1941 laut Luftschutzgesetz zwangsverpflichtet worden, aber nach Kriegsende freiwillig bei der Feuerwehr geblieben waren. Die Ehefrauen und Familienangehörigen machen Druck auf den Bürgermeister Wottke, sie wollen wissen, wo ihre Ehemänner und Verwandten sind.

Unter großer Mühe gelingt es dem Bürgermeister festzustellen, wo die gefangenen Kameraden sind. Wegen angeblicher Mitgliedschaft bei den Werwölfen werden sie in der Breitscheidstraße festgehalten. Nach drei Wochen werden sie nach Potsdam Bergholz-Rehbrücke verbracht. Dort sollen sie weitere drei Monate gefangen gehalten und gefoltert werden. Bei der Rückkehr zählt die Ehefrau [eines] Kameraden 57 Peitschenstriemen auf dem Rücken. […] Von den gefangenen Feuerwehr-Kameraden kehren zwei nicht mehr zurück, sie überstehen die Qualen nicht, unter ihnen Kamerad Propp."

Auszug aus der Chronik der Freiwilligen Feuerwehr Fürstenwalde
A. Kunze, Fürstenwalde, 1990er-Jahre
Feuerwehr Fürstenwalde, Fürstenwalde

Bericht über den Fall 7
(Übersetzung des russischen Originals)
Rafail Goldfarb
um 1949
NARA, Washington

„Die Untersuchung des GENSCH, Carl, GENSCH, Fritz; KAUL; KALEW und anderer? (zusammen 16 Personen), die beschuldigt wurden, Mitglieder der Untergrundorganisation ‚WERWOLF' zu sein.

Februar 1946	Die Untersuchung wurde geleitet durch den: Chef der Unterabteilung 2, ABT. I, Major Nikolai TERESCHENKO;
Ermittler:	Hauptmann TICHOMIROW Dolmetscher: SCHERMAN, GORELIK und GOLDFARB.

Die Verhaftung der o. g. Personen und das Ermittlungsverfahren gegen diese beruhen auf Angaben, die der Informant CHWILINSKI der Spionageabwehr-Einheit des Reserve-Regiments der sowjetischen Streitkräfte gemacht hat. Den Auskünften dieses Agenten war zu entnehmen, dass die Feuerwehr von FÜRSTENWALDE kurz vor der Kapitulation Deutschlands im letzten Kriege der Organisation ‚WERWOLF' angehört hatte (eine faschistische terroristische Untergrund-Gruppierung, die hinter den Linien der vorrückenden Sowjetarmeen operiert hatte).

Hauptmann SERGEJEW, Hauptoperationsbevollmächtigter des Reserve-Regiments bearbeitete den Fall und wurde deswegen später zum Chef der OKR [Militärspionageabwehr] des Reserve-Regiments befördert.

Major TERESCHENKO, Chef der Unterabteilung 2 der ABTEILUNG IV, und Hauptmann TICHOMIROW begaben sich nach FÜRSTENWALDE, um über die Verhaftung der 16 Personen zu befinden. Ohne Kenntnis der Fakten, lediglich um dem Wunsch des stellvertretenden UKR-Chefs – Generalmajor GORJAINOV – zu entsprechen, wurde die Notwendigkeit der Verhaftung der gesamten Gruppe ‚WERWOLF' bestätigt. [Zentrale Verwaltung der militärischen Spionageabwehr in Potsdam]

Die Ermittlung brachte zutage, dass die FÜRSTENWALDER Feuerwehr eine auf HIMMLERS berühmten Befehl gestützte Direktive empfing, die besagte, dass sich mit dem Vorrücken der sowjetischen Streitkräfte alle Nazi-Gruppierungen – Polizei, SS-Truppen, Feuerwehren usw. – den ‚WERWOLF'-Organen anzuschließen und im Untergrund gegen die Roten Armeen zu operieren hätten. Der Feuerwehrchef von FÜRSTENWALDE verlas die Direktive seinen Leuten, stellte sie auf und unterwies die ganz Alten und die Jungen im Gebrauch von Feuerwaffen, Werfen von Handgranaten sowie im Abfeuern von Panzerfäusten. Diese sollten später zur Verteidigung der Stadt benutzt werden. Als die Sowjetarmee heranrückte, vernichtete der Feuerwehrchef alle Dokumente, legte Feuer an seine gesamten Gerätschaften und floh.

Der obige Befund wurde als Beweis dafür angesehen, dass jedes Mitglied der Feuerwehr auch ein ‚WERWOLF'-Mitglied gewesen sei. Dennoch deuteten die Aussagen aller 16 verhafteten Deutschen darauf hin, dass es keinerlei Verbindung mit der ‚WERWOLF'-Gruppierung gegeben habe. Ungeachtet der Widersprüche in den Aussagen der Mitglieder der Gruppe ‚WERWOLF': – einer bestritt kategorisch seine vermeintliche Mitgliedschaft in dieser Organisation, andere bestritten das Bestehen des ‚WERWOLFS' bei der Feuerwehrmannschaft, wieder andere gaben zu, der Gruppe ‚WERWOLF' anzugehören – wurden für alle Mitglieder dieser ‚verbrecherischen Organisation' durch den Staatsanwalt Haftbefehle beantragt. Die Hauptverdächtigen GENSCH, Fritz u. a. beharrten bei der Vernehmung der UKR aus deutscher Tradition heraus auf ihren unter Druck gemachten Aussagen bei der OKR des Reserveregiments zu ihren ‚Vergehen'. Jedoch die übrigen Verhafteten blieben bei ihren Aussagen, dass sie dieser Organisation nicht angehörten und dass keine ‚WERWOLF'-Organisation bei der Fürstenwalder Feuerwehr existiere.

Die Angelegenheit war so verwickelt, dass die Chefs der UKR und der ABTEILUNG IV um ihr eigenes Wohl besorgt waren – denn wenn der Fall dem Militärtribunal übergeben werden würde, aber widersprechende Aussagen enthielte, so würde das Tribunal die Deutschen nicht entlassen, sondern den Fall zwecks weiterer Ermittlung zurückgeben, was einem schwerwiegenden Tadel der UKR gleichkäme. Es boten sich zwei Möglichkeiten – entweder den Fall bei der UKR abzuschließen oder weiter in FÜRSTENWALDE zu ermitteln. Man entschied sich für Letzteres. Major TERESCHENKO, der Chef der Unterabteilung 2 der ABTEILUNG IV, und ich wurden angewiesen, uns nach FÜRSTENWALDE zu begeben und dort den Agenten CHWILINSKI zu kontaktieren, um, in Bezug auf dessen früheren Bericht, Klarheit über die Existenz der ‚WERWOLF'-Gruppierung zu erlangen.

In FÜRSTENWALDE zeigte man den UKR-Offizieren die Waffen, die bei einem der Angeklagten gefunden worden waren. Hauptmann SERGEJEW, ein Angehöriger der OKR in FÜRSTENWALDE, setzte die UKR-Offiziere in Kenntnis, dass der Besitzer des Hauses, in dem die Waffen gefunden worden waren, bereits verhaftet worden sei und die ganze ‚WERWOLF'-Gruppierung sehr bald aufgedeckt würde. Die Untersuchung der Waffen ergab, dass sie sehr sauber waren und die Schäfte mit Glas[wolle] gereinigt worden waren. Die Vernehmung des Hausbesitzers aber ergab eindeutig, dass die Waffen nicht seine waren und er nichts mit ihnen zu tun hatte. Er gab zu, dass sie in seinem Hause gefunden worden seien, und war sicher, dass die Sowjets ihm aufgrund dieser Tatsache nicht glauben würden. Er beharrte darauf, dass jemand sie ihm untergeschoben hatte. Bei der Vernehmung erfuhr man weiter, dass der Sohn des Hausbesitzers mehrere Freunde in FÜRSTENWALDE hatte, unter ihnen CHWILINSKI, der auch zu Besuch gewesen war. Einmal hatte der Hausbesitzer CHWILINSKI und einen Freund ergriffen, als sie aus seinem Keller Kartoffeln stehlen wollten, und sie der Polizei übergeben; man ließ die beiden am nächsten Tage wieder frei.

Major TERESCHENKO ließ den Agenten (CHWILINSKI) hereinrufen, und ein junger Deutscher, um die 18 oder 19 Jahre alt, betrat den Raum. Sein Verhalten war recht zwanglos, und er beeindruckte durch seine selbstsichere, unverschämte Art. Es war offensichtlich, dass die Offiziere der Spionageabwehr im Reserve-Regiment seine Eitelkeit noch gefördert hatten. Er war typisch für die deutsche Jugend von heute – bestrebt, ein bequemes Leben zu führen, und alles zu tun bereit sein, um sich ein leichtes Leben zu ermöglichen.

Zunächst beantwortete CHWILINSKI die Fragen klar und eindeutig, als aber die Waffen zur Sprache kamen, wurde er argwöhnisch. Man setzte ihn davon in Kenntnis, dass sein Anteil an der Sache mit den Waffen bekannt sei und dass die Ermittler auch wüssten, womit man die Schäfte gereinigt hatte. Diese letzte Tatsache brach seinen Widerstand, und er gestand umgehend, vor allem, nachdem ein Kartoffeldiebstahl erwähnt wurde. Er hatte zwei Gründe, die Geschichte zu erfinden – erstens aus Rache an jenem Deutschen, der ihn wegen des Kartoffeldiebstahls bei der Polizei angezeigt hatte, und zweitens, weil Hauptmann SERGEJEW neue Fälle von ihm verlangt hatte. Da er kürzlich umfangreiche Zahlungen (Geld und Lebensmittel) für Auskünfte über die ‚WERWOLF'-Gruppierung erhalten hatte, beschloss er, in dieser Richtung weiterzumachen. Man fragte ihn geradeheraus, ob die ‚WERWOLF'-Gruppierung existiere oder nicht, und nach einigem Überlegen gestand er, sich die ganze Sache ausgedacht zu haben – und dass er von der ‚WERWOLF'-Gruppe erst durch den Befehl HIMMLERS im Zusammenhang mit der Feuerwehr gewusst habe. Der CHWILINSKI wurde sofort ins OKR-Gefängnis gesperrt. Den deutschen Bauern aber ließ man, trotz Hauptmann SERGEJEWS Protests, wieder frei.

Die UKR-Verwaltung war recht unzufrieden über die Wendung der Ereignisse, denn sie sah sich ja noch immer mit dem Problem konfrontiert, wie mit den 16 Personen zu verfahren sei, die beschuldigt waren, Angehörige der ‚WERWOLF'-Organisation zu sein. Mangels Beweisen konnte man den Fall nicht dem Gericht vorlegen, denn er wäre sicherlich zurückgegeben worden. Der UKR vollbrachte ein Wunder: alle 15 Personen (einer war im Gefängnis an Tuberkulose gestorben) wurden zum POTSDAMER Bahnhof gefahren – und freigelassen. (Dies geschah spät nachts.)

CHWILINSKI schickte man ohne irgendwelche Formalitäten in eines der vielen Gefangenenlager in der Sowjetischen Besatzungszone. Hauptmann SERGEJEW wurde vom OKR-Chef zum Bevollmächtigten degradiert und kurz darauf in die UdSSR zurückversetzt.

In seinem Bericht an die Dritte Hauptverwaltung des MGB gelang es der UKR erfolgreich, sich aus dem Fall herauszuwinden.

An die Verhaftung der 16 ‚WERWÖLFE' erinnern sich noch viele alte Bewohner von FÜRSTENWALDE."

Verurteilt. Verschleppt. Verschwiegen.

Die meisten Untersuchungshäftlinge des Gefängnisses Leistikowstraße wurden vor Sowjetische Militärtribunale gestellt. Insgesamt verurteilten diese in Deutschland zwischen 1945 und 1955 über 35 000 deutsche Zivilisten, darüber hinaus sowjetische Bürger und Menschen anderer Nationen. Bei den Prozessen bestimmten Vergeltung von Kriegsverbrechen, die Sicherung der Besatzung sowie die Durchsetzung der kommunistischen Herrschaft die Urteilspraxis. Nach 1955 waren die Tribunale ausschließlich für die Verurteilung von sowjetischen Staatsbürgern zuständig. Sie wurden wegen „Fahnenflucht", vor allem aber wegen „Militärvergehen" sowie Diebstahl und Raub angeklagt.

Die Verurteilten kamen in Gulag-Lager in der Sowjetunion, in Speziallager in der Sowjetischen Besatzungszone oder in den DDR-Strafvollzug. Im Gulag mussten die Verurteilten Zwangsarbeit leisten. Einige überlebten die Haft nicht.

Viele ehemalige Häftlinge leiden bis heute an Folgeschäden der Haft. In der DDR durften sie weder über ihre Hafterfahrungen sprechen, noch erhielten sie Entschädigungen. Erst seit den 1990er-Jahren fanden sie ebenso wie einige Gefangene aus der einstigen Sowjetunion zunehmend Anerkennung als politisch Verfolgte.

Johann Urwich in seiner Gulag-Kleidung, wohl Suchobeswodnoje, um 1953
Jean Urwich, München

Gefütterte Jacken gehörten zur Bekleidung in sowjetischen Strafarbeitslagern. Sie sind zum Symbol der unmenschlichen Lagerhaft und der stalinistischen Verfolgungspraxis geworden. Viele Inhaftierte haben ihre Kleidung aufgehoben.

Johann Urwich trug diese Wattejacke in Workuta. Er war 1947 in Potsdam zu 25 Jahren Haft wegen des Vorwurfs der Spionage verurteilt worden und musste danach in einem Kohlebergwerk im nördlichen Polargebiet arbeiten. Vor der eisigen Kälte schützte ihn die Jacke kaum.

Kurzer Prozess. Militärtribunale, Urteile und Urteilspraxis

Sowjetische Militärtribunale stützten sich vorrangig auf sowjetische Gesetze und Erlasse. Interalliierte Rechtsgrundlagen wurden selten angewendet. Die Militärrichter fällten vor allem politisch motivierte Urteile zumeist auf Basis des Artikels 58 des sowjetischen Strafgesetzbuches. Dieser stellte „konterrevolutionäre Verbrechen" unter Strafe wie „Spionage", „Sabotage" oder „Gruppenbildung". Was darunter zu fassen war, wurde breit ausgelegt. Das Ausmaß individueller Schuld spielte kaum eine Rolle. Die Urteile standen häufig schon vorher fest, die Strafen waren meist unverhältnismäßig hoch. Oft wurden langjährige oder lebenslange Haftstrafen sowie Todesurteile ausgesprochen. Seit den 1990er-Jahren sind Tausende solcher Unrechtsurteile aufgehoben und die Verurteilten rehabilitiert worden.

Ehemaliger Gerichtssaal Sowjetischer Militärtribunale im Hauptquartier der Militärspionageabwehr, Potsdam 1994
Renate Walter-Herrnkind, Potsdam
In der Kapelle des früheren Kaiserin-Augusta-Stifts tagten bis Ende der 1980er-Jahre Militärtribunale. Ein Richter sowie zwei weitere Militärangehörige (Laien) urteilten häufig im Schnellverfahren über die angeklagten Gefangenen. Ab den 1950er-Jahren waren es drei Militärrichter. Die Prozesse fanden im Geheimen und in russischer Sprache statt. Die Angeklagten hatten keine Verteidiger.

Bescheinigung über die Vollstreckung der Todesstrafe gegen Helmut Paichert am 23.10.1952 in Moskau
FSB-Archiv, Moskau

Von 1945 bis 1953 wurden 3498 zum Tode verurteilte Deutsche erschossen. Einer von ihnen war Helmut Paichert. Nach seiner Verurteilung in Potsdam ließ der Geheimdienst den 19-Jährigen im Moskauer Butyrka-Gefängnis erschießen. Seine Leiche wurde verbrannt, die Asche in einem anonymen Massengrab auf dem Friedhof Donskoje verscharrt.

Gnadengesuch von Siegfried Kaemmerer, 1.6.1946
FSB-Archiv, Moskau

Zum Tode Verurteilte reichten in der Regel Gnadengesuche beim Obersten Sowjet ein, so auch Siegfried Kaemmerer. In seinem Bittschreiben beschuldigt er sich aus Verzweiflung selbst: Er sei „im nazistischen Sinne" erzogen und die „Schwere und Tragweite" der Tat seien ihm nicht bewusst gewesen. Wie die meisten Gefangenen wurde er nicht begnadigt, sondern am 18. Juni 1946 in Potsdam erschossen.

„Das war erschreckend, wie man dann hörte: ‚Heinz Amler – Tod durch Erschießen. Fritz Teichert – Tod durch Erschießen. Günter Martins – 15 Jahre verschärfte Haft.'"
　　　　　Erinnerungen von Günter Martins (*1931), inhaftiert 1951-1953

„Das Urteil lautete ‚Zum Tode durch Erschießen'. ... dann wankte ich zum Tisch, um mein Urteil zu unterschreiben. ... das Herz drohte mir zum Halse raus zu springen."
　　　　　Erinnerungen von Gerhard Höft (*1931), inhaftiert 1952-1956

Vom Gefängnis ins Lager. Speziallager, Gulag, DDR-Gefängnisse

Viele verurteilte und arbeitsfähige Gefangene ließ der Geheimdienst direkt von Potsdam aus in Gefängnisse und Arbeitslager in die Sowjetunion abtransportieren. Die meisten hielt das Innenministerium (NKWD/MWD) in Speziallagern in der Sowjetischen Besatzungszone fest. Manche kamen auch erst von dort aus in den sowjetischen Lagerkosmos. Die Sowjetmacht beutete die Arbeitskraft der Gefangenen brutal aus: im Bergbau, in Sägewerken, im Straßenbau, bei Bau- und Transportarbeiten, bei der Ernte. Hunderttausende starben aufgrund der lebensfeindlichen Bedingungen. 1950 wurden die Speziallager aufgelöst: Insassen ohne Urteil und 5500 Verurteilte wurden entlassen, etwa 10 000 Verurteilte zur weiteren Strafverbüßung in DDR-Strafanstalten überführt.

Arbeiten am Kohleschacht in Norilsk, 1940er-Jahre
Memorial International, Moskau

In den sowjetischen Speziallagern und den Straflagern litten die Häftlinge unter den katastrophalen Zuständen, dem gewalttätigen Lager-Regime und an Hunger. Die Ungewissheit und die fehlenden Kontakte zu Angehörigen belasteten die Gefangenen sehr. In den Gulag-Lagern zehrten die harte Arbeit und das extreme Klima die Häftlinge zusätzlich aus.

Lager in Workuta, Foto der ehemaligen Gefangenen Loni Matschuk, Juli 1953
Familie Fürstenberg, Potsdam

Polarnacht über dem Lager in Inta, Geschenk eines deutschen Mitgefangenen, um 1950
Jörg Ullmann, Berlin

Siegfried Ullmann kam nach seiner Verurteilung 1948 in Potsdam in das sowjetische Strafarbeitslager Inta. Dort waren nur wenige Deutsche inhaftiert. Gefangene aus unterschiedlichen Ländern und kriminelle sowjetische Banden (Blatnojs) gerieten immer wieder in gewaltsame Auseinandersetzungen. Kameradschaft war daher überlebenswichtig und wurde mit Geschenken bekräftigt.

Christa Knebel im Strafarbeitslager Workuta, 1955
GBLP, Potsdam

„Ich musste mit nur 7 Deutschen unter 2.000 Fremden in einem Kohlenbergwerk arbeiten, erlebte die Härten des Polarlebens …"
Erinnerungen von Wilfred Busch (*1923–1995), inhaftiert 1948–1955, an Norilsk

„… wo mein Leib war, war eine Einbuchtung nach innen. So kam ich ins Krankenhaus mit Distrophie."
Erinnerungen von Marlise Steinert (*1904–1982), inhaftiert 1947–1953, an Karabass

Entlassen, aber nicht frei. Rückkehr und Leben mit der Erinnerung

Entlassungen aus der Haft fanden nur in Einzelfällen statt, unabhängig davon, ob Gefangene schuldlos waren. Nach Stalins Tod 1953 kamen Zehntausende Häftlinge aus den sowjetischen Straflagern frei; die letzten Deutschen 1956 nach Verhandlungen mit der Bundesregierung. Aus den DDR-Gefängnissen wurden bis 1956 nahezu alle von Militärtribunalen Verurteilten entlassen. Die meisten verurteilten sowjetischen Soldaten hingegen mussten ihre Haftstrafe komplett verbüßen. Die Entlassenen standen privat und beruflich vor einem Neuanfang. In die DDR Zurückgekehrte wurden von der Staatssicherheit überwacht. Sie mussten über ihre Hafterfahrungen schweigen. Viele von ihnen flohen in die Bundesrepublik oder reisten aus. Erst spät erhielten sie eine Anerkennung für das erlittene Unrecht.

Wilfred Busch im Lager Friedland, 20. 10. 1955
GBLP, Potsdam

Wilfred Busch ließ sich im Auffanglager in der Bundesrepublik fotografieren. Nach seiner Entlassung ging er nach Hannover. Dorthin waren seine Eltern geflohen. Er setzte sein begonnenes Studium der Sozialwissenschaft und Volkswirtschaft fort.

„Und die Schläge, die ich ein paar Mal bekam, die vergesse ich mein Leben lang nicht, weil ich die Spuren bis zum heutigen Tag auf meinem Körper trage. Dieses Andenken an die Gefangenschaft ist ein ewiges Andenken."
Erinnerungen von Maria Fricker (*1925–2001), inhaftiert 1950–1955

„... ich habe geweint, zwangsläufig, es war einfach nicht möglich, darüber zu sprechen."
Erinnerungen von Wolfgang Becker (*1925), inhaftiert 1947–1956

„Ich hab meine beste Lebenszeit da verbracht, vor allem konnte ich nicht bei meinem Sohn sein. Und das kann mir keiner zurückgeben."
Erinnerungen von Erika Sagert (*1929), inhaftiert 1953–1955

Die Häftlinge

Die Häftlinge, die aus allen Schichten und Altersklassen stammten, kamen als Untersuchungshäftlinge oder Verurteilte in dieses Gefängnis. Der jüngste Häftling war 12 Jahre alt.

Die Gründe, Anlässe und Vorwände der Verhaftungen waren ebenso vielfältig wie die Lebensläufe der Betroffenen. Anfänglich wurde ihnen überwiegend eine Mitschuld für nationalsozialistische Verbrechen vorgeworfen. Der Verdacht, der Untergrundorganisation „Werwolf" anzugehören, führte ebenfalls zu Verhaftungen.

Ab 1946 wurde den Festgenommenen immer häufiger „Spionage" vorgeworfen. Dies war ein Etikett, mit dem jede kritische Regung kriminalisiert werden konnte. Seit den 1960er-Jahren wurden Sowjetbürger zunehmend wegen Fluchtversuchen, Disziplinarverstößen oder krimineller Delikte verhaftet.

Für durch sowjetische Gerichte verurteilte Deutsche gibt es seit 1992 die Möglichkeit, ihre Urteile überprüfen zu lassen. Die russische Militärstaatsanwaltschaft hat 80 Prozent der Antragsteller bescheinigt, dass ihre Verurteilung politisch motiviert war und rechtsstaatlichen Kriterien nicht genügte.

Überstellungsliste für das Speziallager Nr. 1 in Sachsenhausen
Potsdam, November 1948
GARF, Moskau

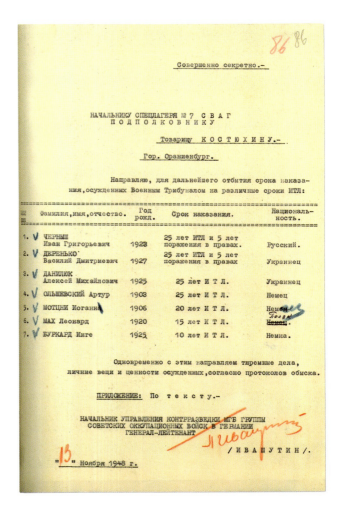

Häftlinge 1945 bis 1947

In den ersten Nachkriegsjahren gerieten Menschen aus unterschiedlichen Gründen in die Fänge der Spionageabwehr.

Der Geheimdienst verhaftete im Zusammenhang mit Maßnahmen zur Entnazifizierung Deutschlands ehemalige Wehrmachtsangehörige, NS-Funktionsträger sowie NS- und Kriegsverbrecher. Sicherheitspolitische Gründe und übersteigerte Angst vor Anschlägen spielten bei der Verfolgung vermeintlicher jugendlicher „Werwölfe" eine Rolle. Verhaftet wurden aber auch tatsächliche oder vermeintliche Agenten westlicher Geheimdienste und Menschen, die sich der Errichtung einer neuen Diktatur widersetzten.

Die Spionageabwehr setzte den stalinistischen Terror gegen die eigene Bevölkerung fort. Sie fahndete unter Sowjetbürgern, die sich in der Sowjetischen Besatzungszone aufhielten, nach „Vaterlandsverrätern". Sie verhaftete ehemalige Zwangsarbeiter und Kriegsgefangene, Angehörige der Russischen Befreiungsarmee (Wlassow-Armee), Überläufer, die im Krieg an der Seite der Deutschen gegen die Sowjetunion gekämpft hatten, aber auch Emigranten, die nach der Oktoberrevolution geflohen waren und seit den 1920er-Jahren in Deutschland lebten.

Sofija Tenzer
1955/1956
Sofija Yalovetskaja, Potsdam

Sofija Tenzer
Vorwurf: „Vaterlandsverrat"
inhaftiert im April/Mai 1946

19. 7. 1926	geboren in Winnyzja (heute: Ukraine)
ab Juli 1942	Zwangsarbeiterin in der Rüstungsindustrie in Speyer, Dolmetscherin und Haushaltsgehilfin in Neustadt a. d. Weinstraße und in Pirmasens
Mai 1945	Befreiung durch die US-Armee, nach Übergabe an die sowjetische Besatzungsmacht als Übersetzerin für eine sowjetische Militärkommandantur in Brandis bei Leipzig tätig
5. 12. 1945	Festnahme durch den sowjetischen Geheimdienst Smersch, weitere Haftstationen: Leipzig, Dresden
April bis 13. 5. 1946	**Untersuchungshaft/Haft im Gefängnis Leistikowstraße Potsdam**
10. 5. 1946	Verurteilung durch das SMT der Gruppe der Sowjetischen Besatzungstruppen in Deutschland zu acht Jahren Lagerhaft (nach Artikel 58/1a StGB der RSFSR: „Vaterlandsverrat")
1946–1955	Haft im Speziallager Nr. 10 Torgau und im sowjetischen Gulag (Workuta) ab 1953 Verbannung in Workuta
3. 1. 1949	Geburt der Tochter Irina
20. 11. 1955	Entlassung aus der Verbannung
11. 7. 1957	Rehabilitierung durch das Militärkollegium des Obersten Gerichts der UdSSR
1961–2003	Heirat, Umzug nach Andischan/Usbekistan, 1974 nach Uljanowsk an der Wolga, als Klavierspielerin tätig
2003	Übersiedlung nach Potsdam lebt in Potsdam

Mitteilung zur Überstellung von Sofija Tenzer
Potsdam, 13. 5. 1946
GARF, Moskau

Als amerikanische Spionin denunziert, kam
Sofija Tenzer im Frühjahr 1946 in das Gefängnis
Leistikowstraße. Ein Militärtribunal verurteilte sie
wegen „Vaterlandsverrats" zu acht Jahren Lagerhaft.
Drei Tage später wurde sie in das Speziallager
Nr. 10 nach Torgau verlegt.

Sofija Tenzer in ukrainischer Nationaltracht
Winnyzja, 9. 5. 1941
Sofija Yalovetskaja, Potsdam

Im April 1942 ermordeten deutsche Truppen mehr als 14 000 Juden bei Winnyzja.
Bei diesem Massaker verlor Sofija Tenzer ihre Mutter, ihre Geschwister und 28 Verwandte.
Sie überlebte versteckt bei der Familie ihrer Freundin.

Arbeitskarte
Saarbrücken, 30.10.1942
ITS, Bad Arolsen

1942 meldete sich die 16-Jährige mit den Papieren ihrer nicht jüdischen Freundin Neonila Tschulowskaja zum Arbeitseinsatz in Deutschland. Als „Ostarbeiterin" leistete sie Zwangsarbeit.
1945 wurde sie von der US-Armee befreit und in die Sowjetische Besatzungszone repatriiert. Die Tarnidentität, die ihr das Leben gerettet hatte, wurde ihr nun zum Verhängnis.

Sofija Tenzer mit ihrer Freundin Wera Tschotschiewa
Workuta, Ende 1955
Sofija Yalovetskaja, Potsdam

Beide Freundinnen verliebten sich während der Haft in Workuta in Mitgefangene und wurden schwanger. Sofija Tenzers 1949 geborene Tochter wuchs in einem Kinderheim auf. Erst mit sechs Jahren kam sie wieder zur Mutter.

Heinrich Heidt
ca. 1950
Bundesarchiv, Berlin

Heinrich Heidt
Vorwurf: „aktive verbrecherische Tätigkeiten gegen Ausländer"
inhaftiert von Spätsommer 1945 bis August 1946

27. 2. 1887	geboren in Frankfurt am Main
	Kaufmann
10. 2. 1917	Heirat, später geschieden
bis 1942	mehrfache Haftaufenthalte wegen krimineller Delikte
5. 2. 1942	Einweisung in das KZ Buchenwald
1942–1945	KZ Ravensbrück, seit 1944 Lagerältester im Männerlager
19. 8. 1945	Festnahme durch den sowjetischen Geheimdienst in Wittenberge
6. 12. 1945	Todesurteil durch das SMT des 108. Schützenregiments wegen „aktiver verbrecherischer Tätigkeiten gegen Ausländer" (nach dem Erlass des Präsidiums des Obersten Sowjets vom 19. 4. 1943)
bis 19. 8. 1946	**Haft im Gefängnis Leistikowstraße Potsdam**
9. 2. 1946	Begnadigung und Umwandlung des Todesurteils in eine mehrjährige Haftstrafe (nach Artikel 58/2 StGB der RSFSR: „bewaffneter Aufstand/Eindringen bewaffneter Gruppen in die UdSSR")
1946–1952	Haft in den Speziallagern Nr. 10 Torgau und Nr. 4/3 Bautzen, ab 1950 in der StVA Bautzen
21. 2. 1952	verstorben in der StVA Bautzen

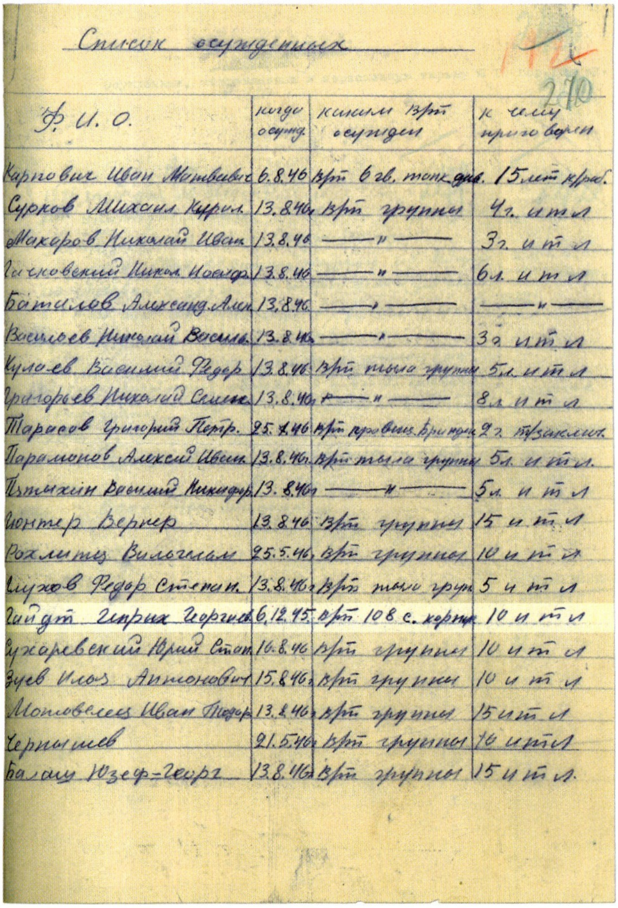

Список осужденных

Ф. И. О.	когда осужд.	каким ВТ осужден	к чему приговорен
Карпович Иван Матвеевич	6.8.46	ВТ 6 гв. танк. див.	15 лет к/раб.
Сурков Михаил Кирил.	13.8.46	ВТ группы	4 г. и т л
Макаров Николай Иван.	13.8.46	— " —	3 г. и т л
Лисковский Никол. Иосиф.	13.8.46	— " —	6 л. и т л
Батилов Александ. Алек.	13.8.46	— " —	— " —
Васильев Николай Васил.	13.8.46	— " —	3 г. и т л
Кулаев Василий Федор	13.8.46	ВТ тыла группы	5 л. и т л
Григорьев Николай Семен.	13.8.46	— " —	8 л. и т л
Тарасов Григорий Петр.	25.7.46	ВТ провинц. Бранденб.	2 г. т/заключ.
Парамонов Алексей Иван.	13.8.46	ВТ тыла группы	5 л. и т л.
Пятыхин Василий Никифор.	13.8.46	— " —	5 л. и т л
Гюнтер Вернер	13.8.46	ВТ группы	15 и т л
Рохлитц Вильгельм	25.5.46	ВТ группы	10 и т л
Сухов Федор Степан.	13.8.46	ВТ тыла груп.	5 и т л
Хайдт Генрих Георгиевич	6.12.45	ВТ 108 с. корпус	10 и т л
Сухоревский Юрий Степ.	16.8.46	ВТ группы	10 и т л
Зуев Илья Антонович	15.8.46	ВТ группы	10 и т л
Моловецкий Иван Федор.	13.8.46	ВТ группы	15 и т л
Чернышев	21.5.46	ВТ группы	10 и т л
Балау Юзеф-Георг	13.8.46	ВТ группы	15 и т л.

Überstellungsliste
Potsdam, August 1946
GARF, Moskau

Ende 1945 verurteilte ein Sowjetisches Militärtribunal Heinrich Heidt zum Tode.
Es warf ihm vor, als KZ-Lagerältester sowjetische Häftlinge geschlagen zu haben.
Während der sechsmonatigen Haft im Gefängnis Leistikowstraße erfuhr er von seiner Begnadigung. Ab August 1946 war er im Speziallager Nr. 10 Torgau inhaftiert.

Häftlingspersonalkarte (Ausschnitt)
KZ Buchenwald, 1942
ITS, Bad Arolsen

Der mehrfach wegen krimineller Delikte inhaftierte Heinrich Heidt wurde 1942 aus dem KZ Buchenwald in das KZ Ravensbrück verlegt. Die SS setzte ihn als Blockschreiber und im Januar 1944 als Lagerältesten im Männerlager ein, wo Tausende sowjetische Häftlinge festgehalten wurden.

„**Die braune Apokalypse**"
Weimar, 1947
GBLP, Potsdam

Ehemalige KZ-Häftlinge wie Konrad Finkelmeier erinnern sich an Heinrich Heidt als korrupten und gefährlichen Funktionshäftling, der Spitzeldienste für die „Politische Abteilung" und den Lagerführer leistete. Seine Meldungen zogen schwerste Bestrafungen nach sich und bedeuteten mitunter den Tod.

Hermann Schlüter
ca. 1945
Hermann Schlüter, Potsdam

Hermann Schlüter
Vorwurf: „Werwolf-Tätigkeit"
inhaftiert von Januar bis April 1946

22. 4. 1930	geboren in Potsdam
1940–1945	Mitglied im Jungvolk
18. 12. 1945	Festnahme durch den sowjetischen Geheimdienst Smersch
22. 1. 1946	Todesurteil durch das SMT der 16. Luftarmee wegen angeblicher feindlicher Einstellung zur Sowjetunion und vermeintlicher „Werwolf"-Tätigkeit (nach Artikel 58/8, 9 u. 11 StGB der RSFSR: „Terror", „Diversion" und „Mitgliedschaft in einer konterrevolutionären Organisation")
24. 1. 1946 bis April 1946	**Haft im Gefängnis Leistikowstraße Potsdam**
21. 3. 1946	Begnadigung und Umwandlung des Todesurteils in 20 Jahre Haft
1946–1950	Haft in den Speziallagern Nr. 10 Torgau und Nr. 4/3 Bautzen, zuletzt in der StVA Bautzen
6. 10. 1950	Entlassung nach Potsdam
	Lehre als Heizungsbauer in Potsdam, Ingenieurstudium in West-Berlin, Ingenieur in Potsdam
1960	Heirat, zwei Kinder
1. 1. 1963	Übernahme des väterlichen Heizungsbaubetriebes in Potsdam
11. 3. 1993	Rehabilitierung durch die Hauptmilitärstaatsanwaltschaft der Russischen Föderation
15. 5. 2018	verstorben in Potsdam

Liste verhafteter Potsdamer Jugendlicher
Potsdam, um 1946/1947
Hermann Schlüter, Potsdam

Franz Schlüter versuchte Schicksale von Jugendlichen zu klären, die der Geheimdienst verhaftet hatte. Sein Sohn Hermann und dessen Freund Klaus Eylert wurden festgenommen, weil sie die bereits inhaftierten Joachim Douglas und Klaus Tauer kannten. Die vier Schüler erhielten wegen vermeintlicher Bildung einer Untergrundorganisation die Todesstrafe.

Tasche für Briefe
Bautzen, 1949
Hermann Schlüter, Potsdam

Hermann Schlüter war der einzige, der begnadigt wurde. Er erhielt 20 Jahre Lagerhaft. Im Frühjahr 1949 durfte er erstmals aus dem Speziallager Nr. 3 Bautzen an seine Eltern schreiben und Post empfangen. Diese Tasche zur Aufbewahrung der Briefe fertigte er selbst an.

Erste Nachricht vom Vater
Potsdam, 5. 6. 1949
Hermann Schlüter, Potsdam

Über drei Jahre blieb Familie Schlüter über den Verbleib des Sohnes und seiner Freunde im Ungewissen. Franz Schlüter schrieb in dieser Zeit zahlreiche Briefe an amtliche Stellen und kirchliche Würdenträger, um Auskunft zu erhalten. Zumeist blieben sie unbeantwortet.

Hermann Schlüter
Potsdam, 1944
Hermann Schlüter, Potsdam

Hermann Schlüter kannte seine Kameraden aus der Zeit im Jungvolk, später gingen sie auf die Einstein-Schule in Potsdam.

Die Familie ist wieder zusammen
Potsdam, 1950
Hermann Schlüter, Potsdam

Nach über vier Jahren Haft wurde Hermann Schlüter entlassen. Ihm fiel die traurige Aufgabe zu, den Eltern seiner erschossenen Kameraden die Hoffnung auf ein Wiedersehen zu nehmen.

Heinz Schwollius
1944
GBLP, Potsdam

DIE HÄFTLINGE

Heinz Schwollius
Vorwurf: „Werwolf-Tätigkeit"
inhaftiert von März bis Mai 1946

24. 5. 1929	geboren in Potsdam
1942, 1943	Tod der Eltern
1939–1943	Mitglied im Jungvolk
1943–1945	Besuch der Seeberufsfachschule Lindau, Rückkehr nach Potsdam
1945	Jugendleiter in der Antifa-Bewegung
13. 1. 1946	Festnahme durch den sowjetischen Geheimdienst Smersch
1. 3. 1946	Todesurteil durch das SMT der 16. Luftarmee wegen angeblicher Zugehörigkeit zum „Werwolf" (nach Artikel 58/8, 9 und 11 StGB der RSFSR: „Terror", „Diversion" und „Mitgliedschaft in einer konterrevolutionären Organisation")
Frühjahr 1946	**Haft im Gefängnis Leistikowstraße Potsdam**
7. 5. 1946	Begnadigung und Umwandlung des Todesurteils in 10 Jahre Haft
1946–1954	Haft in den Speziallagern Nr. 10 Torgau und Nr. 4/3 Bautzen, ab 1950 in der StVA Bautzen
18. 1. 1954	Entlassung nach Potsdam
20. 1. 1954	Flucht nach West-Berlin
	Ausbildung zum Bankkaufmann, Studium der Versicherungswirtschaft in Stuttgart
1960	Heirat, drei Kinder
1963–1990	leitender Angestellter bei der Central-Krankenversicherung AG
22. 1. 1996	Rehabilitierung durch die Hauptmilitärstaatsanwaltschaft der Russischen Föderation
15. 4. 2015	verstorben in Stuttgart

**Mitteilung an das Feldgefängnis
der Spionageabwehr**
5. 6. 1946
GBLP, Potsdam

Das Militärtribunal der 16. Luftarmee informierte den Chef des Gefängnisses Leistikowstraße über die Begnadigung von Heinz Schwollius und Dietrich Marx (* 1929). Sie waren wegen angeblicher „Werwolf"-Zugehörigkeit verhaftet und zusammen mit sechs weiteren Jugendlichen zum Tode verurteilt worden.

**Heinz Schwollius mit Hermann Schlüter
(2. u. 3. v. l.) beim Sammeln für
das NS-Winterhilfswerk**
Potsdam, 1940
GBLP, Potsdam

Heinz Schwollius stand den neuen politischen Verhältnissen nach Kriegsende anfangs offen gegenüber. Das änderte sich mit zunehmender politischer Einengung. Er traf sich gelegentlich mit Jugendlichen, die gegen die sowjetische Besatzungsmacht eingestellt waren.

DIE HÄFTLINGE

Haftbrief von Heinz Schwollius
StVA Bautzen, 27. 3. 1953
GBLP, Potsdam

Nach drei Jahren Haft durfte Heinz Schwollius erstmals an Verwandte schreiben. Die Korrespondenz unterlag einer strengen Zensur. Deshalb schwärzte die Anstaltsleitung in diesem Brief aus der StVA Bautzen eine Zeile, in der sich Heinz Schwollius zu dem Grund seiner Haft äußerte.

Bundesverdienstkreuz
Berlin, 16. 11. 2009
GBLP, Potsdam

Bundespräsident Horst Köhler verlieh Heinz Schwollius für seine ehrenamtliche Arbeit in der Vereinigung der Opfer des Stalinismus (VOS) das Bundesverdienstkreuz. Die VOS setzt sich für die Aufarbeitung kommunistischen Unrechts ein und bemüht sich um die Rehabilitierung und Entschädigung ihrer Mitglieder.

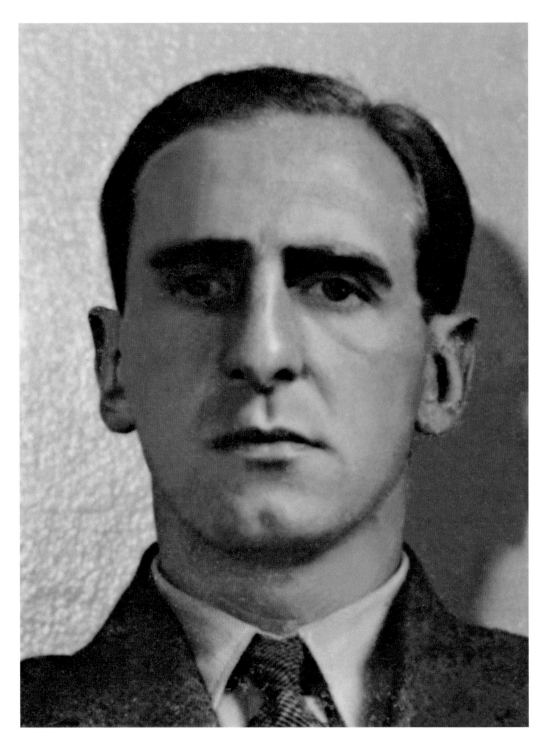

Edwin Bechstein
ca. 1935
Bundesarchiv (ehem. BDC), Berlin

Edwin Bechstein
Vorwurf: „Propagandist"
inhaftiert von Spätsommer bis November 1946

5.11.1901	geboren in Halle (Saale)
	Banklehre, später in verschiedenen Funktionen beim Film tätig
1.5.1933	Eintritt in die NSDAP, 1934 Austritt und am 25.10.1934 Wiedereintritt
5.11.1935	Heirat, zwei Kinder
1941–1945	bei Luftschutzeinheiten und als Kraftfahrer bei der Wehrmacht, danach in amerikanischer Kriegsgefangenschaft
	Festnahme durch den sowjetischen Geheimdienst Smersch in Krampnitz
Spätsommer bis	bei Potsdam
28.11.1946	**Untersuchungshaft im Gefängnis Leistikowstraße Potsdam, keine Verurteilung**
1946–1948	Haft im Speziallager Nr. 7 Sachsenhausen
17.7.1948	Entlassung nach West-Berlin und Rückkehr zur Familie
ab 1949	kaufmännische Tätigkeit in Essen
ab 11.12.1952	Vorsitzender des Aufsichtsrates der C. Bechstein AG, 1959–1966 im Vorstand
4.3.1983	verstorben in Karlsruhe

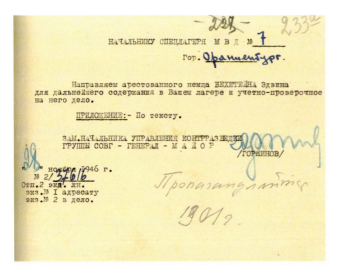

Ohne Urteil in das Speziallager Nr. 7 Sachsenhausen
Potsdam, 28. 11. 1946
GARF, Moskau

Der sowjetische Geheimdienst hielt Edwin Bechstein 1946 einige Monate im Gefängnis Leistikowstraße fest. Während der NS-Zeit hatte er jahrelang in der Filmbranche gearbeitet, was den Vorwurf „Propagandist" erklären könnte, der auf diesem Schreiben handschriftlich vermerkt wurde.

Soldbuch von Edwin Bechstein
Rathenow, 2. 2. 1945
Privatbesitz

Edwin Bechstein wurde 1941 zur Wehrmacht einberufen.
Er geriet bei Kriegsende in der Nähe von Würzburg in amerikanische Kriegsgefangenschaft und wurde bis Juni 1946 in Lagern in Marseille und Miramas festgehalten.

Edwin Bechstein mit seinen Kindern
Krampnitz, Januar 1942
Edwin Bechstein, Bergisch-Gladbach

Nach der Entlassung aus der Kriegsgefangenschaft kehrte Edwin Bechstein zu seiner Familie nach Krampnitz bei Potsdam zurück. Dort verhaftete ihn der sowjetische Geheimdienst und überstellte ihn in das Gefängnis Leistikowstraße Potsdam.

Edwin Bechstein mit seinem Sohn
Frankfurt am Main, 1. 3. 1978
Foto: Jürgen Richter
Karin Kutzbach, Herzebrock-Clarholz

Edwin Bechstein war ein Nachfahre des Firmengründers der weltbekannten Werkstatt für Flügel und Klaviere Carl Bechstein.
Seine Mutter Helene gehörte zu den frühen finanziellen Förderern von Adolf Hitler. Er selbst wuchs bei Pflegeeltern und in Internaten auf.

Raphael Thiel
ca. 1944
Tamara Hammel-Thiel, Berlin

Raphael Thiel
Vorwurf: „NS- und Kriegsverbrechen"
inhaftiert von Spätsommer 1946 bis März 1947

24. 7. 1897	geboren in Odessa (heute: Ukraine)
1914–1920	Militärdienst im Russischen Heer und bei der Flotte, kämpfte im Bürgerkrieg aufseiten der Feinde der bolschewistischen Revolution, Emigration nach Deutschland
1921–1924	Maschinenbaustudium an der Technischen Hochschule Stuttgart
2. 12. 1923	Heirat, drei Kinder
1924–1939	Tätigkeit für die Firma Ernst Heinkel Flugzeugwerke in Rostock
1939–1941	Werkleiter der Flugzeugwerke Mielec (Heinkel GmbH, Rostock)
1941–1942	Betriebsleiter des Flugmotorenwerkes Reichshof GmbH (Debag Ostwerke GmbH), Luftwaffenbeauftragter des Oberbefehlshabers der Luftwaffe für die Fertigung von Luftwaffengerät im Wehrkreis Generalgouvernement
1943–1945	Tätigkeit für die Böhmisch-Mährischen Flugmotorenwerke in Prag
1. 4. 1946	Rückkehr zur Familie nach Bad Doberan
28. 8. 1946	Festnahme durch den sowjetischen Geheimdienst in Warnemünde, weitere Haftstationen: Schwerin und Neubrandenburg
bis 5. 3. 1947	**Untersuchungshaft/Haft im Gefängnis Leistikowstraße Potsdam**
29. 1. 1947	Todesurteil durch das SMT der Rückwärtigen Dienste der Gruppe der Sowjetischen Besatzungstruppen in Deutschland (nach Artikel 58/2 StGB der RSFSR: „bewaffneter Aufstand/Eindringen bewaffneter Gruppen in die UdSSR")
5. 3. 1947	erschossen in Potsdam

Erinnerungen an Raphael Thiel

Aus: Reinhard Pöller, Freiheit ist der Atem des Lebens. Unauslöschlich – Zehn geraubte Jahre (1946 bis 1956), Selbstverlag, Leipzig 2004

Raphael Thiel trug als Betriebsleiter von Flugmotorenwerken Mitverantwortung für die Ausbeutung von Zwangsarbeitern. Der Mithäftling Reinhard Pöller informierte Angehörige und den DRK-Suchdienst über dessen späteres Schicksal im Gefängnis Leistikowstraße.

> „In diesem Gefängnis war ich vom 28. Oktober 1946 bis Ende Juni 1947 inhaftiert. […] Ich verbrachte dort mehrere Monate mit zwei Gefangenen in einer Kellerzelle. Der eine war Raphael Thiel, der Generaldirektor der Ernst Heinkel Flugzeugwerke in Deutschland, der als Chefkonstrukteur die ‚Heinkel 111' gebaut hatte […].
> Wir wurden alle wie Tiere behandelt! Auch vor Demütigung wurde nicht halt gemacht. […]
> Und warum das alles eigentlich? Dem Raphael Thiel warf man vor, dass in den Heinkel-Werken russische Kriegsgefangene beschäftigt wurden, die man dort misshandelt hatte. Dafür wurde er wegen Verbrechen gegen die Menschlichkeit angeklagt. […]
> Thiel warf man auch Beihilfe bei der Vorbereitung eines Angriffskrieges gegen die Sowjetunion vor. Er konnte das Haus nicht mehr lebend verlassen […]."

Besuch einer brasilianischen Delegation

Rostock-Marienehe, 26. 4. 1937
Archiv Volker Koos, Rostock

Raphael Thiel (12. v. r.) gehörte zur Führung der Heinkel-Werke um Ernst Heinrich Heinkel (9. v. l.). Dieser Personenkreis trug die Verantwortung für die Entwicklung der Firma, die Umstellung auf die Kriegsproduktion und den Zwangsarbeitereinsatz.

**Fragment
„Vorläufiges Zeugnis"**
Rostock, 1.9.1939
Tamara Hammel-Thiel, Berlin

Noch vor Ende seines Studiums begann Raphael Thiel für die Heinkel-Werke zu arbeiten. Er machte schnell Karriere. Wenige Wochen nach Ausstellung dieses Zeugnisses wurde er Werkleiter in Mielec im besetzten Polen.

Briefumschlag aus Reichshof
Reichshof, 29.9.1942
Tamara Hammel-Thiel, Berlin

Das Flugmotorenwerk Reichshof GmbH erhöhte die Zahl der ausgebeuteten Zwangsarbeiter 1941/1942 um knapp 1000 auf über 3000. In dieser Zeit war Raphael Thiel Werkleiter. Nach Kriegsende verurteilte ihn ein Sowjetisches Militärtribunal wegen NS- und Kriegsverbrechen zum Tode.

Marie Luise (Marlise) Steinert
1947
Lore Siebert, Danndorf

Marlise Steinert
Vorwurf: „Spionage"
inhaftiert von August bis September 1947

5. 10. 1904	geboren in Riga (heute: Lettland)
1922–1930	Ausbildung und Arbeit als Krankenschwester
30. 10. 1930	Heirat, drei Kinder
1939	Ausreise nach Posen, Annahme der deutschen Staatsbürgerschaft
Januar 1945	Flucht nach Potsdam
August 1945–1947	Dolmetscherin und Verwaltungskraft bei der Kommandantur der sowjetischen Militärspionageabwehr in Deutschland
14. 8. 1947	Festnahme durch die sowjetische Militärspionageabwehr
14. 8. 1947–20. 9. 1947	**Untersuchungshaft im Gefängnis Leistikowstraße Potsdam**
	weitere Untersuchungshaft in den Gefängnissen Lefortowo und Lubjanka (Moskau)
11. 9. 1948	Verurteilung durch die Sonderberatung (OSO) beim MGB in Moskau wegen angeblicher Spionage zu 15 Jahren Lagerhaft (nach Artikel 58/6 StGB der RSFSR: „Spionage")
1948–1953	Haft im sowjetischen Gulag (Karabas und Spassk/Kasachstan, Gwardejsk)
23. 12. 1953	Ankunft in Potsdam und Weiterfahrt zur Familie, die aus Potsdam nach Verden/Westfalen geflüchtet war
26. 4. 1982	verstorben in Verden
9. 10. 1998	Rehabilitierung durch die Hauptmilitärstaatsanwaltschaft der Russischen Föderation

Aus den Hafterinnerungen von Marlise Steinert
Verden, 1954
Lore Siebert, Danndorf

Marlise Steinert arbeitete als Dolmetscherin beim Chef der sowjetischen Militärspionageabwehr in Potsdam. Sie wohnte in unmittelbarer Nähe zum Gefängnis Leistikowstraße, in dem sie 1947 mehrere Wochen selbst inhaftiert war. 1954 schrieb sie ihre Erinnerungen an diese Zeit auf.

> „Am 14. August 1947 bat mich der podpolkownik [Oberstleutnant] Kulischew, ihm eine Übersetzung zu machen, er wolle mich nicht länger als 7 Minuten aufhalten. Er führte mich dann zur Mirbachstr. Irgendwie beklommen war mir zu Mute […].
> Dort in einem Zimmer angekommen sagte er: ‚Alle Schmucksachen abgeben, alle Haarnadeln' […].
> Einmal sollte ich in einem Vorraum warten, da wurde ein Fenster geöffnet, ich sollte ein bißchen frische Luft haben. Aber von dort konnte ich den Giebel der Pfingstkirche sehen und mir war es so schwer, fast sehe ich unsere Fenster und kann nicht rufen, nichts sagen. Sie wissen es gar nicht, daß ich so nah von zu Hause bin. Was denken sie, wo ich bleibe?"

Marlise Steinert vor dem Haus Glumestraße 2
Potsdam, 1947
Lore Siebert, Danndorf

Dieses Foto zeigt Marlise Steinert vor der Dienstwohnung des Chefs der Spionageabwehr, General Pawel W. Seljonin. Nach seiner Abberufung wurden sie und seine zweite persönliche Dolmetscherin Ingrid Langewitz (1905–1955) zu Opfern von Machtkämpfen innerhalb des Geheimdienstes.

Haftfotos von Marlise und Christoph Steinert
Moskau, 23. 9. 1947/1948
FSB-Archiv, Moskau

Die Spionageabwehr verhaftete Christoph Steinert (1899–1955) einige Wochen nach seiner Frau und überstellte ihn ebenfalls aus dem Gefängnis Leistikowstraße nach Moskau. Dort wurden beide nach fast einjähriger Untersuchungshaft wegen angeblicher Spionage verurteilt.

Nähkästchen
Lager Spassk, 1949–1953
Domherrenhaus – Historisches Museum Verden, Verden

Drei Jahre ihrer Haft verbrachte Marlise Steinert im Lager Spassk bei Karaganda, wo die gelernte Krankenschwester unter anderem im Lazarett eingesetzt wurde. Trotz ständiger Kontrollen konnte sie einige Erinnerungsstücke wie dieses Nähkästchen retten.

Hergart Wilmanns
1947
GBLP, Potsdam

Hergart Wilmanns
Vorwurf: „Spionage"
inhaftiert von Mai bis Dezember 1947

5. 8. 1928	geboren in Bonn
22. 5. 1947	Festnahme durch den sowjetischen Geheimdienst in Marknaundorf bei Wittenberg/Elbe, weitere Haftstation: Glindow
29. 5. 1947 – 24. 12. 1947	**Untersuchungshaft/Haft im Gefängnis Leistikowstraße Potsdam**
29. 11. 1947	Verurteilung durch die Sonderberatung (OSO) beim MGB in Moskau wegen angeblicher Spionage für den britischen Geheimdienst zu zehn Jahren Lagerhaft (nach Artikel 58/6 StGB der RSFSR: „Spionage")
1948–1953	Haft im Speziallager Nr. 10 Torgau und im sowjetischen Gulag (Workuta, Gwardejsk)
Ende 1953	nach Entlassung Ankunft in West-Berlin
	Rückkehr zur Familie, die aus der Sowjetischen Besatzungszone nach Wehrda/Hessen geflüchtet war
1954–1959	Abitur, Studium der Slawistik, Volkswirtschaft und Sozialwissenschaften in Marburg, Göttingen und Kiel, Promotion
	Heirat, eine Tochter
1960–1971	wissenschaftliche Tätigkeit in Harvard/USA, Frankfurt am Main, Freiburg und München
1971–1992	Oberregierungsrätin, ab 1982 Regierungsdirektorin im Bayerischen Staatsministerium für Landesentwicklung und Umweltfragen
25. 5. 2007	verstorben in München

Fragment eines Kopftuches
GBLP, Potsdam

Sowjetische Militärangehörige lockten Hergart Wilmanns im Mai 1947 unter einem Vorwand von zu Hause weg. Zum Abschied warf ihre Mutter ihr dieses Kopftuch zu. Es begleitete sie durch alle Gefängnisse und Lager. Die Erinnerung an die Familie gab der jungen Frau Kraft, die Haftzeit zu überstehen.

Telegramm an die Familie
Berlin, 28. 12. 1953
GBLP, Potsdam

Nach über sechs Jahren Haft wurde Hergart Wilmanns nach Stalins Tod vorzeitig entlassen. Zurück in Deutschland suchte sie ihren Onkel, Landesbischof Otto Dibelius, auf und schickte dieses erste Lebenszeichen seit der Verhaftung. Drei Tage später war die Familie wieder vereint.

Persönliche Gegenstände aus Workuta
Workuta, 1948–1953
GBLP, Potsdam

Kontakte zu Engländern wurden Hergart Wilmanns als Spionage ausgelegt. Nach der Verurteilung kam sie in den Gulag. Dort waren Kämme, Spiegel und Bleistifte kostbare Alltagsutensilien. Den Beutel erhielt sie von einer chinesischen Mitgefangenen.

Freiheit in Paris
Paris, 1954
GBLP, Potsdam

Hergart Wilmanns holte in kurzer Zeit nach, was ihr durch die Haft versagt geblieben war. Sie legte ihr Abitur ab und studierte. Trotz ihres Schicksals blieb sie der russischen Sprache und Kultur verbunden und unterhielt intensive wissenschaftliche Kontakte in die Sowjetunion.

Häftlinge 1948 bis 1955

Im Kalten Krieg konzentrierte sich die Spionageabwehr zunehmend auf Verhaftungen unter dem Vorwurf der Spionage. Hierzu konnten tatsächliche oder vermeintliche Spionagetätigkeit für westliche Geheimdienste gehören wie auch Kontakte zur Kampfgruppe gegen Unmenschlichkeit (KgU), den Ostbüros bundesdeutscher Parteien oder westlichen Medien. Häufig wurden unbeteiligte Freunde und Verwandte von Verdächtigen mit verhaftet und verurteilt.

Die Spionageabwehr ging gegen oppositionelle und Widerstandsgruppen vor, wie die „Teschner"-, die „Erdler"-, die „Albatros"- und die „Meuselwitzer"-Gruppe. Viele der Verhafteten hatten aus politischen Motiven gehandelt. Sie lehnten die Sowjetisierung in der Sowjetischen Besatzungszone und in der DDR ab.

Sowjetische Militärangehörige wurden überwiegend wegen Vaterlandsverrats, versuchter Fahnenflucht und krimineller Delikte verhaftet. Dabei gerieten Deutsche wegen Beihilfe ins Visier des Geheimdienstes.

Karl-Heinz Schommler
ca. 1974
Karl-Heinz Schommler, Berlin

Karl-Heinz Schommler
Vorwurf: „Spionage"
inhaftiert von März bis August 1948

28. 10. 1924	geboren in Katscher (heute: Kietrz/Polen)
1939–1941	Ausbildung zum Kunsttischler
ab 1. 12. 1941	Kriegsfreiwilliger bei den Fallschirmjägern
1943–1944	Verurteilung durch ein Feldgericht in Berlin zu einem Jahr Haft wegen Falschmeldung
	Flucht aus dem Gefangenentransport, erneute Gefangennahme, Todesurteil wegen Desertion
April 1945	Flucht aus der Haft in Torgau, Fort Zinna
Sommer 1945	kurzzeitige amerikanische Kriegsgefangenschaft
1946–1948	Einsätze für den amerikanischen Geheimdienst CIC in der Sowjetischen Besatzungszone
1. 3. 1948	Festnahme durch die sowjetische Militärspionageabwehr in Bergen bei Salzwedel, weitere Haftstationen: Stendal, Magdeburg
Ende März–3. 8. 1948	**Untersuchungshaft/Haft im Gefängnis Leistikowstraße Potsdam**
30. 6. 1948	Verurteilung durch das SMT der Gruppe der Sowjetischen Besatzungstruppen in Deutschland wegen Spionage zu 25 Jahren Lagerhaft (nach Artikel 58/6 StGB der RSFSR: „Spionage")
1948–1956	Haft im Speziallager Nr. 3 Bautzen, ab 1950 in den StVA Bautzen und Brandenburg-Görden
24. 1. 1956	Entlassung nach Neuruppin, Flucht nach West-Berlin
bis 2007	nach weiterer Ausbildung als Restaurator tätig, unter anderem in Österreich, Kanada und Deutschland
30. 1. 2003	Rehabilitierung durch die Hauptmilitärstaatsanwaltschaft der Russischen Föderation
3. 11. 2014	verstorben in Berlin

Rosenkranz
Katscher, 1941
Karl-Heinz Schommler, Berlin

Als Karl-Heinz Schommler als Soldat seine Heimat Katscher verließ, schenkten ihm Schwestern des örtlichen Franziskanerklosters diesen Rosenkranz. Er trug ihn immer bei sich, auch 1948 bei der Verhaftung durch den sowjetischen Geheimdienst. Bei Leibesvisitationen verbarg er ihn im Überwurf des Hosenschlitzes.

Karl-Heinz Schommler als Fallschirmjäger
Berlin, 1941
Karl-Heinz Schommler, Berlin

Karl-Heinz Schommler meldete sich als 17-Jähriger freiwillig zum Militär. Später wurde er zweimal wegen Falschaussage und Fahnenflucht verurteilt. Nach dem Krieg ließ er sich vom US-amerikanischen Geheimdienst Counter Intelligence Corps (CIC) anwerben, der gezielt ehemalige Soldaten ansprach.

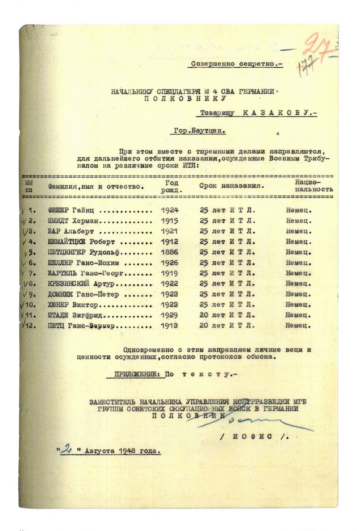

Überstellungsliste
Potsdam, 1. 8. 1948
GARF, Moskau

Für den CIC beschaffte Karl-Heinz Schommler alias „Heinz Fischer" in der Sowjetischen Besatzungszone Informationen über Militärobjekte. Er wurde zusammen mit Siegfried Stade (* 1929) verhaftet, wegen Spionage zu 25 Jahren Haft verurteilt und in das Speziallager Nr. 3 Bautzen verbracht.

Karl-Heinz Schommler
Berlin, undatiert
Karl-Heinz Schommler, Berlin

Karl-Heinz Schommler restaurierte 2007 Holzsäulen am Eingang von Schloss Cecilienhof im Neuen Garten. Bei einer Rückfahrt über die benachbarte Leistikowstraße erkannte er seine frühere Haftstätte wieder. Bis dahin hatte er nicht gewusst, wo er in Potsdam inhaftiert gewesen war.

Irmgard Buchholz
ca. 1948
GBLP, Potsdam

Irmgard Buchholz
Vorwurf: „Beihilfe zur Fahnenflucht"
inhaftiert von Sommer bis Oktober 1948

20. 9. 1920	geboren in Rathenow
1930	Umzug der Familie nach Falkensee-Finkenkrug, 1939 nach Dallgow
1935–1936	Mitarbeit im Zeitungsvertrieb des Stiefvaters
1936–1937	Landdienst, anschließend wieder Zeitungsausträgerin
1940	Heirat, verwitwet mit zwei Kindern
1948	Serviererin im sowjetischen Offizierskasino Dallgow, Flucht mit sowjetischem Freund in den Westen
24. 6. 1948	Festnahme durch die sowjetische Militärspionageabwehr in Falkensee-Finkenkrug, weitere Haftstation: Eberswalde
bis 1. 10. 1948	**Untersuchungshaft/Haft im Gefängnis Leistikowstraße Potsdam**
9. 9. 1948	Verurteilung durch das SMT der Gruppe der Sowjetischen Besatzungstruppen in Deutschland wegen „Beihilfe zur Fahnenflucht" zu zehn Jahren Haft (nach Artikel 58/14 StGB der RSFSR: „Sabotage")
1948–1954	Haft im Speziallager Nr. 1 Sachsenhausen, ab 1950 in den StVA Bautzen, Hoheneck und Waldheim
16. 1. 1954	Entlassung nach Dallgow
1954–1957	Zugschaffnerin bei der Bahn, Arbeiterin im Stahl- und Walzwerk Hennigsdorf, Hausfrau
1957	Heirat, ein Sohn
20. 9. 1971	verstorben
11. 4. 2002	posthume Rehabilitierung durch die Hauptmilitärstaatsanwaltschaft der Russischen Föderation

 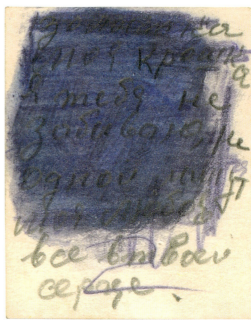

Irmgard Buchholz
um 1948
GBLP, Potsdam

Auf die Rückseite dieses Fotos schrieb Irmgard Buchholz' sowjetischer Freund Liebesgrüße. Das Paar hatte sich 1947 im Haus ihrer Eltern kennengelernt. Wegen dieser Beziehung verurteilte ein Militärtribunal den jungen Soldaten zu fünf Jahren Haft. Er konnte jedoch entkommen und mit ihr in den Westen flüchten.

Überstellungsliste (Auszug)
Potsdam, 1. 10. 1948
GARF, Moskau

Im September 1948 verurteilte ein Sowjetisches Militärtribunal Irmgard Buchholz wegen „Beihilfe zur Fahnenflucht" zu zehn Jahren Haft. Drei Wochen später wurde sie mit weiteren 16 Insassen aus dem Gefängnis Leistikowstraße in das Speziallager Nr. 1 nach Sachsenhausen überstellt.

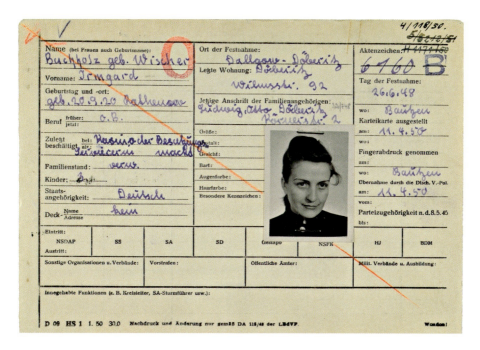

Haftkarteikarte
Berlin 1950–1954
Bundesarchiv, Berlin

Als Irmgard Buchholz aus dem Westen noch einmal nach Hause fuhr, um persönliche Dinge zu holen, wurde sie am Bahnhof verhaftet. Der sowjetische Geheimdienst warf ihr „Beihilfe zur Fahnenflucht" vor. Sie war deshalb bis 1954 in Haft. Ihre Kinder wuchsen bei den Großeltern auf.

Lebenslauf
Dallgow, 15. 6. 1954
Bundeseisenbahnvermögen, Dienststelle Ost, Personalaktenarchiv, Berlin

Nach der Entlassung bewarb sich Irmgard Buchholz bei der Reichsbahn. Im Lebenslauf machte sie kein Geheimnis aus Verurteilung und Haftzeit. Das war nicht selbstverständlich. Viele ehemalige Häftlinge hatten in der DDR berechtigte Angst vor Benachteiligungen.

Friedrich Klausch
1960
Friedrich Klausch, Mainz

Friedrich Klausch
Vorwurf: „Spionage"
inhaftiert von April bis Oktober 1948

3. 3. 1929	geboren in Potsdam
1943–1945	Lehre als Werkzeugmacher in Mainz-Kastel und Berlin-Spandau
1945	Volkssturm, kurzzeitige sowjetische Gefangenschaft, Flucht
1948	Betriebsschlosser in Marl-Hüls/Ruhrgebiet
6. 4. 1948	Festnahme durch den sowjetischen Geheimdienst an der Sektorengrenze bei Potsdam
7. 4. 1948–1. 10. 1948	**Untersuchungshaft/Haft im Gefängnis Leistikowstraße Potsdam**
4. 9. 1948	Verurteilung durch die Sonderberatung (OSO) beim MGB in Moskau wegen angeblicher Spionage zu 25 Jahren Lagerhaft (nach Artikel 58/6 StGB der RSFSR: „Spionage")
1948–1956	Haft im Speziallager Nr. 1 Sachsenhausen und im sowjetischen Gulag (Inta, Suchobeswodnoje)
12. 1. 1956	Entlassung über das Lager Friedland in die Bundesrepublik
ab 1956	Werkzeugmacher bei verschiedenen Firmen in Wetzlar und Mainz
1956	Heirat, eine Tochter
1964–1992	Maschinenbauingenieur in Bad Soden
28. 11. 1997	Rehabilitierung durch die Hauptmilitärstaatsanwaltschaft der Russischen Föderation
	lebt in Mainz

Überstellungsliste (Auszug)
Potsdam, 1.10.1948
GARF, Moskau

Friedrich Klausch wurde 1948 vom sowjetischen Geheimdienst als angeblicher Spion verhaftet, als er nach einem Kinobesuch in West-Berlin einen Weg durch die Sowjetische Besatzungszone nahm.
Er kam in das Gefängnis Leistikowstraße, später in das Speziallager Nr. 1 in Sachsenhausen.

**Friedrich Klausch
vor Schülern**
Oppenheim, 27.6.2011
Friedrich Klausch, Mainz

**Friedrich Klausch (r.)
mit einem Haftkameraden**
Suchobeswodnoje, 1955
Friedrich Klausch, Mainz

Friedrich Klausch sprach 2011 zum ersten Mal vor Schülern des Gymnasiums zu St. Katharinen in Oppenheim über seine Hafterlebnisse.
Er will die Geschichte des Gefängnisses Leistikowstraße und die Häftlingsschicksale in seiner Heimatregion bekannter machen.

Friedrich Klausch verbrachte sechs Jahre Lagerhaft jenseits des nördlichen Polarkreises im Gebiet um Inta. Er musste in Bergwerksschächten und als Zimmermann arbeiten. Im März 1955 kam er in das Sammellager Suchobeswodnoje in der Nähe von Gorki.

Familienkorrespondenz

Suchobeswodnoje, 13. 5. 1955; Mainz, 6. 6. 1955
Friedrich Klausch, Mainz

Nach der Verhaftung 1948 blieb die Familie von Friedrich Klausch jahrelang im Ungewissen über sein Schicksal. Erst 1955 durfte er aus dem Lager Suchobeswodnoje schreiben und Post empfangen.

Ernst-Günther Bluszcz
1943/1945
Ernst-Günther Bluszcz, Berlin

Ernst-Günther Bluszcz
Vorwurf: „Spionage"
inhaftiert von Sommer bis Oktober 1948

8. 12. 1924	geboren in Liegnitz/Schlesien (heute: Legnica/Polen)
1943–1945	Soldat bei der Wehrmacht, sowjetische Kriegsgefangenschaft
	Rückkehr zur Mutter, die nach der Flucht aus Liegnitz in Thüringen lebte
	Lehre als Apotheker in Neustadt/Orla
11. 5. 1948	Festnahme durch den sowjetischen Geheimdienst in Neustadt/Orla, weitere Haftstationen: Gera und Erfurt
bis 20. 10. 1948	**Untersuchungshaft/Haft im Gefängnis Leistikowstraße Potsdam**
5.–9. 10. 1948	Verurteilung durch das SMT 48240 wegen angeblicher Spionage zu 25 Jahren Lagerhaft (nach Artikel 58/6 StGB der RSFSR: „Spionage")
1948–1955	Haft im Speziallager Nr. 1 Sachsenhausen und im sowjetischen Gulag (Inta, Suchobeswodnoje)
1955	Entlassung nach Hannover
1956–1994	Abschluss der Lehre, Pharmaziestudium, Apotheker in Berlin
1960	Heirat, drei Töchter
21. 11. 1994	Rehabilitierung durch die Hauptmilitärstaatsanwaltschaft der Russischen Föderation
	lebt in Berlin

```
"ICH BESTÄTIGE"
Der Leiter der 2. Abteilung der 5. Verwaltung -
Assistent des Obersten Militär-Staatsanwaltes
Oberst der Justiz
                    L. P. Kopalin

21. November 1994

              G U T A C H T E N
              ===================

              in der Strafrechtssache Nr. K-516802 des
              Lüders, Klaus u. a. (insgesamt 28 Leute)

Moskau, 21.November 1994

Durch Urteil des Militärtribunals der Heereseinheit 48240 vom
09. Oktober 1948 wurden verurteilt die deutschen Staatsange-
hörigen:

     1. TESCHNER, Karl-Dieter, Jahrgang 1925, geboren in Tilsit,
        ehem. Ostpreußen, Deutscher, Einwohner von Gera
        (Deutschland, verhaftet am 28.04.1948)

     2. RACKWITZ, Hans-Dietrich, Jahrgang 1924, geboren in
        Landsberg, Deutscher, Einwohner von Leipzig,
        verhaftet am 04.05.1948

     3. WEIGELT, Henner, Jahrgang 1925, geboren in Liegnitz,
        Oberschlesien, Deutscher, Einwohner von Zeitz,
        verhaftet am 30.05.1948

     4. FIEDLER, Siegfried, Jahrgang 1922, geboren in Liegnitz,
        Deutscher, Einwohner von Halle, verhaftet am 04.05.1948

     5. HUNDERT, Johanna, Jahrgang 1923, geboren in Dessau,
        Deutsche, Einwohnerin von Leipzig, Produzentin,
        verhaftet am 04.05.1948

     6. BLUSZCZ, Ernst-Günter, Jahrgang 1924, geboren in
        Liegnitz, Deutscher, Einwohner des Dorfes Kleinberns-
        dorf, Kreis Gera, verhaftet am 11.05.1948

     7. TAPPERT, Günter, Jahrgang 1927, geboren in Liegnitz,
        Deutscher, Einwohner von Weißenfeld, Sachsen-Anhalt,
        verhaftet am 24.06.1948

     8. ULLMANN, Siegfried, Jahrgang 1924, geboren in Liegnitz,
        Deutscher, Einwohner von Aschersleben,
        verhaftet am 04.05.1948

     9. GROSSER, Helmut, Jahrgang 1920, geboren in Liegnitz,
        Deutscher, Einwohner von Aschersleben,
        verhaftet am 04.05.1948
```

Gutachten (Auszug)
Moskau, 21.11.1994
Ernst-Günther Bluszcz, Berlin

Im Rehabilitierungsverfahren kam ein Gutachter
zu dem Schluss, dass Ernst-Günther Bluszcz
und die 27 Mitverurteilten, die als „Teschner"- oder
„Liegnitzer"-Gruppe bekannt sind, „unbegründet
und hinsichtlich politischer Motive repressiv
verurteilt wurden".

Blick in die Rezeptur
Neustadt/Orla, um 1948
Ernst-Günther Bluszcz, Berlin

In diesem Raum verhafteten im Mai 1948 mehrere sowjetische Offiziere den Apothekerlehrling Ernst-Günther Bluszcz als angeblichen Spion, weil er Kontakt zu Personen im Umfeld von Karl-Dieter Teschner hatte. Teschner war nachrichtendienstlich für die Organisation Gehlen, den Vorläufer des BND, tätig.

Seite aus einem Fotoalbum
undatiert
Ernst-Günther Bluszcz, Berlin

Nach der Entlassung legte Ernst-Günther Bluszcz ein Album an, in dem er wichtige Erlebnisse aus der Haft festhielt, die er oft ironisch kommentierte. Das Foto zeigt ihn bei einem Auftritt des Lagerorchesters „Gornij" in Inta (2. v. l.). Die Musik half ihm, die lange Zeit zu überstehen.

Die „Teschner"- oder „Liegnitzer"-Gruppe

Die Bezeichnung der Widerstandsgruppe geht auf den Namen des Anführers Karl-Dieter Teschner bzw. auf die Herkunft von Mitgliedern aus dem schlesischen Liegnitz zurück. Die Gruppe sammelte Informationen über die sowjetischen Besatzungstruppen sowie ostdeutsche Wirtschaftsdaten und gab sie an die Organisation Gehlen weiter. Dieser westdeutsche Nachrichtendienst warb gezielt Menschen an, die das Regime in der Sowjetischen Besatzungszone ablehnten.

Mit der Festnahme von Karl-Dieter Teschner am 28. April 1948 begann die Verhaftung von Gruppenmitgliedern, aber auch von völlig Unbeteiligten. Sie wurden im Gefängnis Leistikowstraße festgehalten, vernommen, eingeschüchtert und mit Aussagen anderer in Gegenüberstellungen konfrontiert. Im Oktober 1948 verurteilte ein Sowjetisches Militärtribunal 21 Männer und 7 Frauen wegen „Spionage". Die Mehrheit erhielt 25 Jahre Strafarbeitslager. Die Verurteilten wurden zur Zwangsarbeit in den sowjetischen Gulag deportiert. Die Letzten kehrten Anfang 1956 nach Deutschland zurück.

Ernst-Günther Bluszcz und Mitverurteilte der „Teschner"-Gruppe
o. R. v. l.: Hans Walther, Ernst-Günther Bluszcz, Siegfried Ullmann, Hans-Rudolf Pallesche, Bodo Platt
u. R. v. l.: Karl-Dieter Teschner, Hans-Dietrich Rackwitz, Siegfried Fiedler, Henner Weigelt
Suchobeswodnoje, 1955
Ernst-Günther Bluszcz, Berlin

Im Lager Suchobeswodnoje traf Ernst-Günther Bluszcz Mitverurteilte wieder.

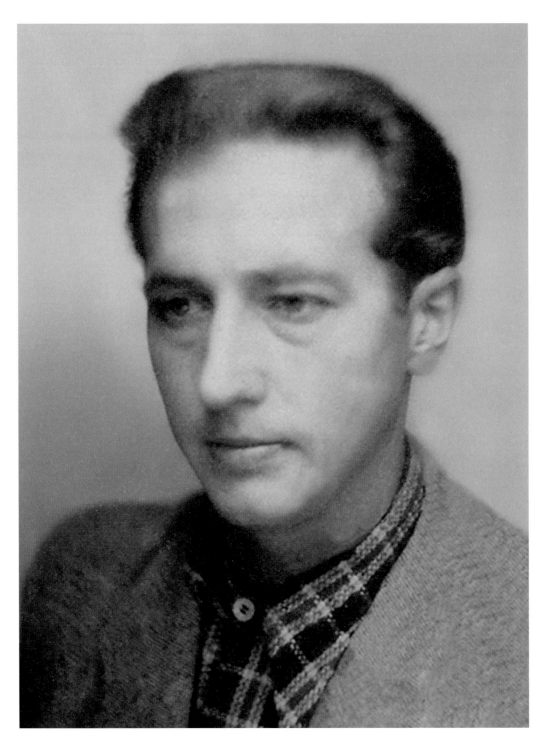

Leonhards Veveris
ca. 1944
Historisches Staatsarchiv Lettlands, Riga

Leonhards Veveris
Vorwurf: „Vaterlandsverrat"
inhaftiert von Juli bis November 1948

21. 4. 1918	geboren in Riga (heute: Lettland)
1937–1940	Kontorist, Studium an der Universität Riga
März 1940–Juni 1941	Militärdienst in der Lettischen Armee, ab Juni 1940 in der Roten Armee
1941–1945	wechselnde Anstellungen in Riga, Thorn und bei Berlin
Sommer 1945	Übersetzer bei der englischen Kommandantur in Versmold
1946–1948	Anstellung bei der englischen Kommission für Kriegsentschädigungskontrolle in Detmold
28. 6. 1948	Festnahme durch die sowjetische Militärspionageabwehr im Lager 226 für Repatrianten in Brandenburg an der Havel
20. 7. 1948–25. 11. 1948	**Untersuchungshaft/Haft im Gefängnis Leistikowstraße Potsdam**
16. 11. 1949	Verurteilung durch das SMT 48240 wegen angeblichen Vaterlandsverrats zu 25 Jahren Lagerhaft (nach Artikel 58/1a StGB der RSFSR: „Vaterlandsverrat")
1949–1955	Haft im Speziallager Nr. 1 Sachsenhausen und im sowjetischen Gulag (Orscha, KitoiLag bei Angarsk/Sibirien)
9. 5. 1955	Entlassung nach Riga
	Meister in einer Baufirma, 1961 Studienabschluss als Ingenieur
12. 5. 1962	Rehabilitierung durch das Militärkollegium des Obersten Sowjets der UdSSR
20. 10. 1999	Rehabilitierung durch das Oberste Gericht der Republik Lettland
	weiteres Schicksal unbekannt

Auszug aus dem Urteil
Potsdam, 16. 11. 1948
Historisches Staatsarchiv Lettlands, Riga

Der Lette Leonhards Veveris wurde 1948 vom sowjetischen Geheimdienst verhaftet, im Gefängnis Leistikowstraße festgehalten und wegen angeblichen Vaterlandsverrats verurteilt, weil er während des Krieges für deutsche Firmen gearbeitet hatte. Seit der Annexion durch die Sowjetunion 1940 galten Letten als sowjetische Staatsbürger.

Matrikelkarte der Universität Riga (Ausschnitt)
Riga, 19. 10. 1942
Historisches Staatsarchiv Lettlands, Riga

Als Fernstudent wurde Leonhards Veveris 1940 zum Militär einberufen. Infolge der Annektierung wurden die lettischen Verbände in die Rote Armee überführt. Nach dem deutschen Überfall auf die Sowjetunion beendete Leonhards Veveris 1941 auf eigenen Wunsch den Dienst.

DIE HÄFTLINGE

Arbeitskarte für Leonhards Veveris
Thorn, 13. 10. 1944
Historisches Staatsarchiv Lettlands, Riga

Leonhards Veveris arbeitete in Riga für die Elektrotechnik-Firma VEF, die seit der deutschen Besetzung 1941 zur AEG-Ostlandwerk GmbH gehörte. Beim Vormarsch der Roten Armee verlagerte sie ihre Produktion nach Thorn. Veveris folgte der Firma im September 1944.

Arbeits-Pass
Detmold, 11. 11. 1946–28. 5. 1948
Historisches Staatsarchiv Lettlands, Riga

Leonhards Veveris fand 1946 eine Anstellung bei einer englischen Behörde in Detmold. Auf Drängen seiner Familie wollte er 1948 in die lettische Heimat, die wieder zur Sowjetunion gehörte, zurückkehren. In einem Repatriierungslager nahm ihn der sowjetische Geheimdienst fest.

Helga Kühn
1948
GBLP, Potsdam

Helga Kühn
Vorwurf: „Spionage"
inhaftiert von April/Mai bis November 1951

7. 3. 1931	geboren in Berlin
1945–1948	zunächst wechselnde Beschäftigungsverhältnisse, danach ohne Anstellung, bis zur Festnahme wohnhaft in West-Berlin
1948/1949	Mitglied der FDJ, ab 1. 7. 1949 Kandidatin der SED
16. 3. 1951	Festnahme durch die sowjetische Militärspionageabwehr in Döberitz, weitere Haftstation: Berlin
April/Mai 1951–24. 11. 1951	**Untersuchungshaft/Haft im Gefängnis Leistikowstraße Potsdam**
21. 11. 1951	Verurteilung durch das SMT 48240 wegen angeblicher Spionage zu 25 Jahren Lagerhaft (nach Artikel 58/6 StGB der RSFSR: „Spionage")
24. 11. 1951	Verlegung in die StVA Bautzen, wegen Schwangerschaft sofortige Einzelüberstellung in das Haftkrankenhaus der StVA Hoheneck
27. 11. 1951	Geburt der Tochter Angelika
1951–1957	Haft in der StVA Hoheneck
15. 3. 1957	Entlassung und Rückkehr zu den Eltern nach West-Berlin
	Arbeiterin im Werk für Starkstromkabel und -leitungen der Firma Siemens in Berlin-Gartenfeld
1959	Heirat, ein Sohn, Hausfrau, später in der Altenpflege tätig
15. 10. 1996	Rehabilitierung durch die Hauptmilitärstaatsanwaltschaft der Russischen Föderation
	lebt in Berlin-Spandau

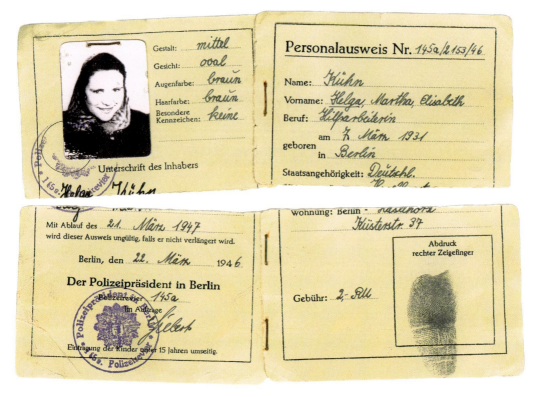

Beschluss über die Verhaftung (Auszug)
11. 4. 1951
FSB-Archiv, Moskau

Die Spionageabwehr warf Helga Kühn vor, für den amerikanischen Geheimdienst Rotarmisten zum Vaterlandsverrat angestiftet und Dokumente gestohlen zu haben. Nach acht Monaten im Gefängnis Leistikowstraße wurde sie – hochschwanger – wegen angeblicher Spionage zu 25 Jahren Haft verurteilt.

Personalausweis
Berlin, 22. 3. 1946
FSB-Archiv, Moskau

Die Spionageabwehr nahm Helga Kühn diesen Ausweis bei der Verhaftung im März 1951 ab. Die junge West-Berlinerin war seit Juni 1950 mehrfach eingesperrt gewesen. Sie hatte aus Interesse an der russischen Sprache und Kultur Kontakte zu sowjetischen Soldaten in der DDR. Das erregte Misstrauen.

Mutter und Tochter
Berlin-Spandau, 1957
GBLP, Potsdam

Kurz nach der Verurteilung in Potsdam entband Helga Kühn im Haftkrankenhaus Hoheneck eine Tochter. Sie durfte das Kind nur drei Monate bei sich behalten. Dann wurde es in ein Heim nach Leipzig gebracht.

Angelika Kühn im Säuglingsheim
Leipzig, 16. 4. 1952
GBLP, Potsdam

Medaillon
StVA Hoheneck, Anfang der 1950er-Jahre
GBLP, Potsdam

Helga Kühn trug das Geschenk einer Mitgefangenen heimlich in der Brusttasche der Häftlingskleidung. Es zeigt ihre Tochter mit Taufblumenschmuck. Angelika wuchs bei den Großeltern in Berlin-Haselhorst auf, während ihre Mutter im Gefängnis war.
Auf der Rückseite des Medaillons befindet sich das Foto einer unbekannten Mitgefangenen mit Sohn.

Günter Martins
1954
Günter Martins, Pieskow

Günter Martins
Vorwurf: „Waffenbesitz", „Spionage"
inhaftiert von Mai bis September 1951

15. 1. 1931	geboren in Berlin
Januar 1945	Flucht mit der Familie vor der Front aus der Neumark nach Lieberose
	Tischlerlehre, Bau- und Möbeltischler
17. 5. 1951	Festnahme durch den sowjetischen Geheimdienst und die Volkspolizei in Lieberose, weitere Haftstation: Cottbus
19. 5. 1951–September 1951	**Untersuchungshaft/Haft im Gefängnis Leistikowstraße Potsdam**
13.–15. 9. 1951	Verurteilung durch das SMT 48240 wegen vermeintlicher Nichtanzeige eines Verbrechens und Waffenbesitzes zu 15 Jahren Lagerhaft (nach Artikel 58/12 StGB der RSFSR und Kontrollratsgesetz Nr. 43: „Unterlassung einer Anzeige" und „Waffenbesitz")
1951–1953	Haft im sowjetischen Gulag (Workuta, Gwardejsk)
29. 12. 1953	Entlassung und Rückkehr zur Mutter nach Lieberose
1953–1991	Tischler, Inspektor bei der Staatlichen Versicherung der DDR und Wirtschaftsleiter des Zweckverbandes Erholungswesen Schwielochsee
1954	Heirat, fünf Kinder
	lebt in Pieskow/Brandenburg

Erinnerungen von Günter Martins an die Verhöre in Potsdam
Aus: Günter Martins, RUKI NASAD! Hände auf den Rücken! Häftling in Potsdam und Workuta, hrsg. von Gisela Kurze, Berlin 2004

Günter Martins wurde 1951 in einem Gruppenprozess wegen angeblicher Spionagemitwisserschaft und Waffenbesitzes zu 15 Jahren Lagerhaft verurteilt. Erst seit der Friedlichen Revolution 1989/1990 kann er offen über seine Verfolgung sprechen.

„[…] nachts war die Zeit der Verhöre. Wenn dann der Schlüssel im Schloß rasselte, die beiden Eisenriegel zurückknallten, war es mit der Nachtruhe […] endgültig vorbei. […] Das Verhör verlief immer nach der Laune des Offiziers, mal nach der ruhigen, mal nach der wilden Phase. Letztere war immer das kürzere Verhör. Nach den nun folgenden Schlägen ging es bald zurück in die Zelle. – Im günstigeren Fall saß der Untersuchungsoffizier in Siegerlaune, satt und zufrieden, dem verdreckten, halb verhungerten armen Häftling gegenüber. Dieser hatte mit den Händen auf den Knien vor ihm auf einem Stuhl zu sitzen und war ganz der Laune dieses Mannes ausgeliefert. Lief alles nicht so, wie dieser sich das vorstellte, gab es zuerst die wüstesten Beschimpfungen. Aber wenn diese dann vom Dolmetscher übersetzt worden waren, hatten sie ihre Wirkung verloren.

Es wurde oft geschlagen, doch vor der anstehenden Gerichtsverhandlung nicht mehr so oft ins Gesicht."

Günter Martins mit Mutter und Schwester
Lieberose, Februar 1951
Günter Martins, Pieskow

Auf diesem Foto trägt Günter Martins die Kleidung, in der er verhaftet wurde. Er behielt sie während der gesamten Haft im Gefängnis Leistikowstraße an. Er hatte mit dem späteren Mitangeklagten Fritz Teichert und anderen mit Waffen in der Nähe des Wohnortes gewildert.

Löffel aus der Haft in Gwardejsk
undatiert
Günter Martins, Pieskow

Nach Stalins Tod wurde Günter Martins im Frühjahr 1953 amnestiert und in Richtung Heimat transportiert. Sieben Monate wartete er im Durchgangslager in Gwardejsk auf die Weiterfahrt. Dort benutzte er diesen Blechlöffel, den er mit seinen Initialen versah.

Ablehnung einer IM-Tätigkeit
Beeskow, 16. 3. 1974
BStU, Berlin

Nach der Entlassung gerieten ehemalige Häftlinge in der DDR ins Visier des Ministeriums für Staatssicherheit (MfS), das Informationen über sie sammelte. Das MfS versuchte Günter Martins 1957 als Inoffiziellen Mitarbeiter (IM) anzuwerben. Er lehnte eine Zusammenarbeit ab.

Ein Gruppenprozess

Der dreitägige Prozess gegen Günter Martins und sieben weitere Angeklagte fand im September 1951 in der Nähe des Gefängnisses Leistikowstraße in der Kapelle des ehemaligen Kaiserin-Augusta-Stifts statt.

Das Militärtribunal 48240 verurteilte Heinz Amler (* 1919) und Fritz Teichert (* 1924) wegen Spionage zum Tode. Sie wurden am 6. Dezember 1951 in Moskau erschossen. Heinz Amler hatte Nummern sowjetischer Militärautos, Beobachtungsergebnisse und Fotografien militärischer Objekte über einen Bekannten an einen amerikanischen Geheimdienst weitergegeben. Eine Beteiligung der Mitangeklagten lässt sich nicht belegen. Amlers Frau Helene (1914–2002), Elli Vossig (1923–1998) und Annemarie Balmer wurden wegen angeblicher Spionage zu 25 Jahren Lagerhaft verurteilt. Erich Gierke und Adolf Herbig (1899–1975), der Schwiegervater von Fritz Teichert, erhielten zehn Jahre Haft.

Ablehnungsbescheid des Präsidiums des Obersten Sowjets zu den Gnadengesuchen von Heinz Amler und Fritz Teichert
Moskau, 30. 11. 1951
GARF, Moskau

Heinz und Helene Amler
Waldenburg/Schlesien, 18. 10. 1941
Sieglinde Amler-Freiberger, Freiburg

Fritz Teichert
undatiert
Wolfgang Teichert, Lieberose

Adolf Herbig
um 1950
Wolfgang Teichert, Lieberose

Elli Vossig
undatiert
GBLP, Potsdam

Rudi Richter
1951
Rudi Richter, Düsseldorf

Rudi Richter
Vorwurf: „Spionage"
Inhaftiert von Februar bis Juni 1952

31. 5. 1926	geboren in Petersmoor/Pommern
	Arbeit bei einem Bauern, Arbeitsdienst
1944	Kriegsfreiwilliger bei der Marine
1945–1946	in amerikanischer und sowjetischer Kriegsgefangenschaft
1949	Heirat, drei Kinder
	in einer Reparaturfirma, später in der Bahnmeisterei auf dem Berliner Bahnhof in Großenhain tätig
7. 2. 1952	Festnahme durch das MfS in Großenhain, Übergabe an den sowjetischen Geheimdienst, weitere Haftstation: Dresden
9. 2. 1952–16. 6. 1952	**Untersuchungshaft/Haft im Gefängnis Leistikowstraße Potsdam**
28.–29. 4. 1952	Verurteilung durch das SMT 48240 wegen angeblicher Spionage zu 25 Jahren Lagerhaft (nach Artikel 58/6, 10 und 11 StGB der RSFSR: „Spionage", „Propaganda" und „Mitgliedschaft in einer konterrevolutionären Organisation")
1952–1955	Haft im sowjetischen Gulag (Taischet/Sibirien)
20. 10. 1955	Entlassung nach Großenhain
17. 4. 1957	Flucht nach West-Berlin
	verschiedene Tätigkeiten in Düsseldorf, zuletzt bei den Stadtwerken
22. 8. 1995	Rehabilitierung durch die Hauptmilitärstaatsanwaltschaft der Russischen Föderation
12. 3. 2017	verstorben in Düsseldorf

Einritzungen von Rudi Richter
Potsdam, 1952
GBLP, Potsdam

Rudi Richter saß 81 Tage in einer Einzelzelle im Keller des Gefängnisses Leistikowstraße. Er ritzte seinen Namen und Wohnort in die Wand, um ein Lebenszeichen zu hinterlassen. 1952 wurde er zu 25 Jahren Haft verurteilt, weil er zur Widerstandsgruppe „Albatros" gehörte, die im Auftrag der KgU agierte.

Erna Richter mit den Töchtern
Großenhain, 1952
Rudi Richter, Düsseldorf

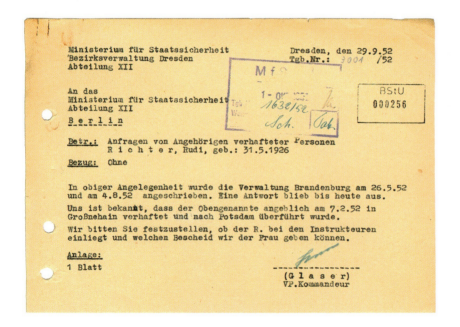

Nachfrage zu Rudi Richter
Dresden, 29. 9. 1952
BStU, Berlin

Für die Familie blieb Rudi Richter nach der Verhaftung verschollen. Seine Frau wandte sich an den Präsidenten der DDR Wilhelm Pieck. Daraufhin wurde das Ministerium für Staatssicherheit der DDR (MfS) eingeschaltet und Erna Richter bekam eine nichtssagende mündliche Auskunft.

2. Briefkarte von Rudi Richter an seine Familie
Taischet, 10. 4. 1954
GBLP, Potsdam

Aus Potsdam wurde Rudi Richter in den sowjetischen Gulag überstellt. Er musste in Lagern um Taischet beim Bau der Transsibirischen Eisenbahn mitarbeiten. Nach Aufhebung des Schreibverbots wartete er auf ein erstes Lebenszeichen seiner Familie.

Rudi Richter mit seinen Töchtern
Aurich, 1957
Rudi Richter, Düsseldorf

1955 kehrte Rudi Richter nach Hause zurück. Weil ihn das Ministerium für Staatssicherheit wie schon vor seiner Verhaftung beobachtete, floh er mit seiner Familie im April 1956 nach West-Berlin. Zu den ersten Stationen in der Bundesrepublik gehörte das Lager Aurich.

Die Widerstandsgruppe „Albatros" aus Großenhain

Rudi Richter wurde von Günther Domschke (* 1929) für die Widerstandsgruppe gewonnen. Sie gehörte zur Kampfgruppe gegen Unmenschlichkeit (KgU). Die 1948 in West-Berlin gegründete antikommunistische Organisation arbeitete zunächst als Suchdienst für von der sowjetischen Besatzungsmacht verhaftete Bürger. Bekannt sind außerdem Flugblatt- und „F"-Aktionen, bei denen in Ostdeutschland mit weißer Farbe jeweils ein großes F für „Freiheit" an Häuserwände geschrieben wurde. Zunehmend wurde die KgU nachrichtendienstlich tätig und verübte auch Sabotageakte in der DDR. Sie stand unter Kontrolle des amerikanischen Geheimdienstes CIC, später der CIA.

Die Gruppe „Albatros" verbreitete Flugblätter, bereitete Anschläge vor und gab Informationen weiter. Die Anführer Fritz Riebling (* 1910) und Günther Domschke wurden zum Tode verurteilt und am 29. Juli 1952 in Moskau erschossen. Rudi Richter, Erich Keil (1921–2009) und Rudolf Uhing (1909–1976) erhielten lange Haftstrafen.

Die Ehepaare Richter und Keil
Großenhain, 1955
Rudi Richter, Düsseldorf

Günther Domschke mit Frau und Kind
Großenhain, 1951
Rudi Richter, Düsseldorf

Rudolf Uhing
Bochum, um 1967
Katharina Syllwasschy, Bochum

Häftlinge 1955 bis 1991

Mit dem Abschluss des Staatsvertrages zwischen der Sowjetunion und der DDR vom 20. September 1955 änderten sich die besatzungsrechtlichen Bestimmungen. Die Militärspionageabwehr verhaftete seitdem ausschließlich Militärangehörige und Zivilangestellte der Gruppe der Sowjetischen Streitkräfte in Deutschland. In der DDR lebten fast eine halbe Million Sowjetbürger. Sie standen unter Beobachtung.

Die in Deutschland stationierten Soldaten litten in den Kasernen unter Willkür und Gewalt durch Vorgesetzte, harter Ausbildung, langer Trennung von den Angehörigen, fehlendem Anspruch auf Urlaub oder Ausgang, Unterbringung in Massenunterkünften, unzureichender Verpflegung und geringster Besoldung. Diese Bedingungen begünstigten kriminelle Vergehen wie Diebstahl, Körperverletzung, Sachbeschädigung, Tötungsdelikte, unerlaubtes Entfernen von der Truppe, aber auch politisch oder wirtschaftlich motivierte Fluchtversuche in den Westen.

Witold Abankin
1965
GBLP, Potsdam

Witold Abankin
Vorwurf: „Vaterlandsverrat"
inhaftiert von Sommer bis Dezember 1966

15. 6. 1946	geboren in Ejsk (Region Krasnodar, heute: Russland)
1962–1965	Schreiner in einem Schiffsreparaturbetrieb
1965–1966	Armeedienst bei Werder (DDR)
1.–4. 8. 1966	Fluchtversuch in Richtung West-Berlin zusammen mit Wiktor Tschesnokow
4. 8. 1966	Festnahme, Übergabe an den KGB
bis Dezember 1966	**Untersuchungshaft/Haft im Gefängnis Leistikowstraße Potsdam**
19. 10. 1966	Verurteilung durch das SMT 75092 zu zwölf Jahren Lagerhaft (nach Artikel 64 StGB der RSFSR von 1961: „Vaterlandsverrat")
1967–1978	Haft in den Lagern Nr. 17 und Nr. 19 (Mordowien), im Lager Nr. 36 (Gebiet Perm) sowie im Strafgefängnis Wladimir
4. 8. 1978	Entlassung nach Rostow am Don
1979	Heirat, zwei Kinder
1979–1990	Verladearbeiter in einer Lederfabrik
seit 1991	bürgerrechtliches Engagement
seit 2009	ehrenamtlicher Inspekteur der Justizvollzugsanstalten im Gebiet Rostow lebt in Rostow am Don

Urteil für Witold Abankin und Wiktor Tschesnokow (Auszug)
19. 10. 1966
GBLP, Potsdam

Während des Militärdienstes in der DDR versuchte Witold Abankin, mit einem Kameraden nach West-Berlin zu fliehen. Beide glaubten, bereits im Westen zu sein, als man sie nach vier Tagen fasste und in das Gefängnis Leistikowstraße einlieferte.

Wehrpass von Witold Abankin
Rostow am Don, 15. 10. 1965
GBLP, Potsdam

Aus Protest gegen die blutige Niederschlagung von Arbeiterunruhen in Nowotscherkassk 1962 verließ Witold Abankin vorzeitig die Schule. Er hatte unter dem Einfluss des Vaters eine ablehnende Haltung gegenüber der kommunistischen Partei angenommen und schrieb regimekritische Gedichte.

Witold Abankin mit der Familie
Rostow am Don, um 1984
Witold Abankin, Rostow am Don

Witold Abankin musste die gesamte Haftzeit von zwölf Jahren absitzen. Durch Aktionen wie Hungerstreiks für die Rechte von Gefangenen wurde er in sowjetischen Straflagern und Gefängnissen bekannt. Nach der Entlassung lernte er seine spätere Frau Dina kennen und gründete eine Familie.

Witold Abankin und Wladimir Bukowskij im KGB-Hauptquartier
Moskau, September 1991
Witold Abankin, Rostow am Don

Im Gefängnis Wladimir lernte Witold Abankin (r.) den Bürgerrechtler Wladimir Bukowskij (2. v. r.) kennen. Beide kämpften für die Umbettung des im Lager verstorbenen Dichters Jurij Galanskow nach Moskau. Sie sahen 1991 dessen KGB-Akte ein.

Witold Abankin (l.) mit Mitstreitern nach der Einweihung des Gedenkkreuzes für die Opfer von Nowotscherkassk
Nowotscherkassk, 1992
Witold Abankin, Rostow am Don

Witold Abankin bei einer Veranstaltung zum 25. Todestag von Walentin Sokolow
Rostow am Don, 2007
Witold Abankin, Rostow am Don

Witold Abankin engagiert sich bis heute für Menschen, die zu Unrecht verhaftet bzw. verurteilt wurden. Er gründete 2005 den Verein „Weg zum Recht". Als ehrenamtlicher Inspekteur geht er Beschwerden von Gefangenen in den Justizvollzugsanstalten im Gebiet Rostow nach.

Alexej Safronow
1970
Alexej Safronow, Jewpatorija

Alexej Safronow
Vorwurf: „Vaterlandsverrat"
inhaftiert von November 1970 bis Mai 1971

13. 1. 1952	geboren in Melitopol (heute: Ukraine)
1969–1970	Ausbildung zum Kraftfahrer
Mai–November 1970	Armeedienst in Altenburg und Grimma (DDR)
20.–24. 11. 1970	Fluchtversuch in die Bundesrepublik zusammen mit Sergej Kolmakow
24. 11. 1970	Festnahme in Plauen
26. 11. 1970 bis Mai 1971	**Untersuchungshaft/Haft im Gefängnis Leistikowstraße Potsdam**
12. 3. 1971	Verurteilung durch das SMT 75092 zu zwölf Jahren Lagerhaft (nach Artikel 64 StGB der RSFSR von 1961: „Vaterlandsverrat")
1971–1982	Haft im Lager Nr. 17 (Mordowien), in den Lagern Nr. 35 und 36 (Gebiet Perm) sowie im Strafgefängnis Wladimir
24. 11. 1982	Entlassung nach Jewpatorija
1982–1983	als Schreiner und Möbelrestaurator tätig
1983	Heirat, eine Tochter
1983–1991	Fernstudium und Arbeit als Ingenieur
1989–1996	Gründer und Geschäftsführer einer Straßenbaufirma
seit 1996	Anstellungen im Autohandel und beim Wachdienst lebt in Jewpatorija/Ukraine

Erinnerungen von Alexej Safronow an die Haft in Potsdam
Potsdam, 7. 9. 2010
GBLP, Potsdam

Der Soldat Alexej Safronow wurde nach einem gescheiterten Fluchtversuch aus Plauen in das Untersuchungsgefängnis der Spionageabwehr in die Leistikowstraße überstellt. Unvergessen blieben ihm seine damaligen Befürchtungen, zum Tode verurteilt zu werden.

„Mein wichtigster Gedanke war, Hauptsache, ich werde nicht erschossen. Der Ermittlungsoffizier hat mich beruhigt: ‚Du wirst 10 oder 12 Jahre kriegen, ganz einfach.' Ich fragte ihn dann: ‚10 oder 12?' – ‚Rechne lieber mit 12.' Also wusste ich schon, was ich bekommen werde. Ich verstehe nicht, wozu man den Prozess brauchte. [...] Der Prozess war eine Show, aber man musste den Eindruck der Rechtmäßigkeit erwecken. [...] Niemand vertiefte sich in Details. – Wozu, weshalb, wie? Niemand brauchte das. Ich nahm an, dass ich meine 12 Jahre erhalten werde. Danach habe ich mich beruhigt. Ich habe mich zusammengerissen und habe mich vorbereitet, dieses Strafmaß zu erhalten. Ich habe es erhalten."

Nadeshda Sauljak
Jewpatorija, 30. 5. 1950
Alexej Safronow, Jewpatorija

Alexej Safronow mit seinen Eltern
Jewpatorija, 14. 2. 1954
Alexej Safronow, Jewpatorija

Alexej Safronow zog wegen der wechselnden Arbeitsorte des Vaters häufig um. Seine Großmutter Nadeshda, eine Frau adliger Herkunft, war für ihn die wichtigste Bezugsperson. Von ihr erfuhr er von den politischen Massenverfolgungen unter Stalin.

Alexej Safronow als Soldat
Altenburg, 1970
Alexej Safronow, Jewpatorija

Alexej Safronow träumte davon, in einer freien Gesellschaft zu leben. Seinen Armeedienst in der DDR sah er als reale Chance an, in den Westen zu gelangen. Mit dem gleichgesinnten Soldaten Sergej Kolmakow bereitete er die Flucht vor. Dieser erschoss sich bei der Festnahme.

Entlassungsschein von Alexej Safronow
24. 11. 1982
GBLP, Potsdam

Nach der Lagerhaft von zwölf Jahren musste sich Alexej Safronow mit diesem Dokument in Jewpatorija polizeilich melden. Seine Freunde und Verwandten hielten zu ihm. Im Unterschied zu anderen hatte er kaum Schwierigkeiten, sich wieder ins zivile Leben einzugliedern.

Aus der „Chronik der laufenden Ereignisse", Nr. 37
Moskau, 30. 9. 1975
Archiv der Forschungsstelle Osteuropa an der Universität Bremen, Bremen

Im Juli 1975 nahm Alexej Safronow im Gefängnis Wladimir an einem Hungerstreik teil, um gegen die Misshandlungen von Gefangenen zu protestieren. Darüber berichtet diese illegale Zeitschrift sowjetischer Bürgerrechtler.

Alexandr Udatschin
1994
GBLP, Potsdam

Alexandr Udatschin
Vorwurf: „Vaterlandsverrat"
inhaftiert von August 1983 bis Januar 1984

5. 4. 1965	geboren in Klaipėda (heute: Litauen)
1980–1983	Ausbildung an der Technikerschule für Mechanik und Technologie in Moskau
April–August 1983	Armeedienst in Glau bei Trebbin (DDR)
22. 8. 1983	Fluchtversuch nach West-Berlin und Festnahme in Ost-Berlin
August 1983 bis etwa Januar 1984	**Untersuchungshaft im Gefängnis Leistikowstraße Potsdam**
bis April 1984	Untersuchungshaft im Gefängnis Lefortowo (Moskau)
6. 4. 1984	Verurteilung durch das SMT 75092 in Brest zu zehn Jahren Lagerhaft (nach Artikel 64, 70 und 72 StGB der RSFSR von 1961: „Vaterlandsverrat", „Verweigerung von Arbeitspflichten" und „antisowjetische Propaganda")
1984–1990	Haft im Lager Nr. 3 (Mordowien) und im Lager Nr. 35 (Gebiet Perm)
20. 7. 1990	Entlassung nach Moskau
1990er-Jahre	als Unternehmer tätig
bis 2008	Wachmann bei verschiedenen Firmen
	lebt in Moskau

Erinnerungen von Alexandr Udatschin an die Haft in Potsdam
Moskau, 27. 4. 2011

Der Traum vom Leben im Westen platzte, als Alexandr Udatschin 1983 in der Nähe des Berliner Alexanderplatzes bei einem Fluchtversuch festgenommen wurde. Er kam in das Untersuchungsgefängnis Leistikowstraße und wurde später von einem Militärgericht zu zehn Jahren Haft verurteilt.

> „Potsdam-Leistikowstraße? Was fällt mir ein? Einzelzelle, Einzelzelle, Einzelzelle ... Gefängnisroutine und regelmäßiges Schlagen, das ebenfalls zur Routine wurde. Verhöre von früh bis spät. Sie, diese Längerdienenden [im Gefängnis], waren wie Gefängnismauern selbst, genauso eintönig und eklig. Bei den Verhören hörte ich immer: ‚Du, hör mit deinem Palaver auf!' [...] Die ersten drei Tage wurde ich gezielt und brutal geschlagen. Danach wurden gelegentliche Schläge zur Verhörroutine. Was ich nie vergessen werde: den Namen meines Hauptuntersuchungsoffiziers Walentin Jakowlewitsch A. Seine Tochter lebt irgendwo in Moskau, sie soll ungefähr in meinem Alter sein. Nachdem meine Ermittlungen abgeschlossen wurden, sprach A. über seine Tochter. Dass sie in meinem Alter sei, aber im Gegensatz zu mir ein ehrenhaftes Mitglied der Gesellschaft ist."

Alexandr Udatschin mit seiner Mutter Tamara
London, um 1970
GBLP, Potsdam

Alexandr Udatschin als Schulkind
Moskau, um 1976
GBLP, Potsdam

Alexandr Udatschin lebte als Kind drei Jahre in London, wo sein Vater Oleg Ljalin für den KGB spionierte. Als der Vater 1971 um politisches Asyl in England bat, wurden Alexandr und seine Mutter vom KGB über Frankreich zurück in die Sowjetunion gebracht.

Seine Schulzeit verbrachte Alexandr Udatschin in Moskau, wo seine Großeltern mütterlicherseits lebten. Zum Vater bestand kein Kontakt. Die Mutter heiratete erneut.

Schachspiel aus dem Lager Nr. 35
1970er-Jahre
GBLP, Potsdam

Auszüge aus einem Haftbrief an seine Mutter
Lager Nr. 35 bei Perm, undatiert, vermutlich Frühjahr 1989
GBLP, Potsdam

Alexandr Udatschin war einer der letzten politischen Häftlinge, die 1990 aus dem Lager Nr. 35 bei Perm entlassen wurden. Dieses Schachspiel, das ursprünglich aus der Kultur- und Erziehungsabteilung des Lagers Nr. 3 in Mordowien stammte, nahm er als Andenken mit.

Der Briefwechsel mit seiner Mutter war für Alexandr Udatschin die wichtigste Verbindung zur Außenwelt. Nach der Verurteilung in Brest saß er sechs Jahre in sowjetischer Lagerhaft. Während der Perestroika unter Michail Gorbatschow wurde ihm die verbliebene Haftzeit um die Hälfte verkürzt.

„Guten Tag, Mama!
Sei mir nicht böse, dass ich so selten schreibe. Ehrlich gesagt, habe ich keine Kraft und häufig keine Möglichkeit dazu, nichts ist da, nur die Leere und Verzweiflung. Als ob der Wind irgendwo ein Spinnennetz abgerissen, zusammengeknäuelt und es mir ins Gesicht geworfen hat – es ist ekelig und unerträglich, aber es gelingt nicht, diesen dumpfen grauen Schleier abzustreifen. Die einzige Freude ist, dass ich die Fähigkeit zum Lesen noch nicht verloren habe."

„Anhand einiger mir vorliegender Informationen bin ich zu dem Schluss gekommen, dass auf der April-Tagung [des Obersten Sowjets] eine neue Strafgesetzordnung verabschiedet wird. In deren Rahmen wird mein Artikel 64 womöglich entkriminalisiert. Wenn es tatsächlich so kommt – das heißt, den Artikel 70 habe ich bereits abgesessen, und die Haftzeit nach dem Artikel 72 ist dieses Jahr im Juni oder Juli um. […] Das heißt, es könnte noch was kommen, aber wenn, wenn …"

„Schwer ist das Schicksal meiner Generation. Gefängnis, Verlust der inneren Werte, Afghanistan-Krieg, Drogensucht – wofür büßen wir nun? Das weiß ich nicht, und wahrscheinlich niemand auf der Welt weiß das."

Haftbedingungen im Gefängnis Leistikowstraße.
Ehemalige Häftlinge berichten

Die Häftlinge waren im Gefängnis Leistikowstraße menschenunwürdigen Haftbedingungen ausgesetzt. Unter den massiven physischen und psychischen Folgen von Haft und Folter leiden Überlebende heute noch.

In den ersten Jahren nach dem Krieg waren die Zustände besonders hart: Hunger, Kälte, Isolation von der Außenwelt, Orientierungslosigkeit, Bewegungs- und Beschäftigungsmangel prägten die Haft. Viele fürchteten eine Deportation in die Sowjetunion. Es gab keinerlei Kontakte zur Familie, Rechtsbeistand war nicht vorgesehen. Schlafentzug, Einzelhaft und nächtliche, oft brutale Verhöre zermürbten die Häftlinge. Eine medizinische Grundversorgung gab es nicht. Es fehlten selbst einfachste Mittel zur Körperpflege.

Umbaumaßnahmen seit den 1960er-Jahren brachten eine relative Verbesserung der hygienischen Verhältnisse. Im Erdgeschoss sind noch Reste der erst in den 1970er-Jahren eingebauten Waschbecken und Toiletten erhalten.

Die Ausstellung zeigt im Kapitel Haftbedingungen Exponate, Dokumente und 30 Filmsequenzen aus Interviews mit den ehemaligen Häftlingen Witold Abankin, Wolfgang Becker, Helga Gäbel (geb. Kühn), Friedrich Klausch, Günter Martins, Gerhard Penzel, Rudi Richter, Alexej Safronow, Erika Sagert, Hermann Schlüter, Karl-Heinz Schommler und Peter Seele.

Essensklappe
Potsdam, 1994, Foto: Erik-Jan Ouwerkerk
GBLP, Potsdam

Verhaftung und Ankunft

Im Gefängnis in der Leistikowstraße wurden Männer und Frauen aus allen Teilen der Sowjetischen Besatzungszone und der DDR festgehalten. Sie waren in verdeckten Lastwagen oder einem blauen Bus mit Gittern und Gardinen, den Häftlinge als „Schwarzer Rabe" bezeichneten, in dieses Gefängnis verbracht worden. Viele wussten nicht, dass sie sich in Potsdam befanden.

Bei der Aufnahme erfassten Geheimdienstmitarbeiter die Personalien, nahmen Fingerabdrücke und fertigten Fotografien an, soweit dies nicht bereits an früheren Haftorten geschehen war. Die Gefangenen wurden „gefilzt" und Leibesvisitationen unterzogen. Sie mussten Gürtel, Schnürsenkel und persönliche Gegenstände abgeben. Manche wurden bei der Aufnahmeprozedur durch das Gefängnispersonal gedemütigt und geprügelt.

Bewaffnete Wachposten brachten die Häftlinge einzeln oder in Gruppen in die Zellen.

Handschellen mit Schlüssel
1940er-/1950er-Jahre
GBLP, Potsdam

Einige Häftlinge waren während des Transports zur Leistikowstraße mit Handschellen gefesselt, anderen wurden die Augen verbunden. Derart orientierungslos war der Gedanke an eine Flucht nahezu ausgeschlossen.

Peter Seele (* 1928) arbeitete seit 1948 als Kraftfahrer bei der sowjetischen Armee in Potsdam. Er weigerte sich, für die sowjetische Besatzungsmacht zu spionieren, und wurde deshalb festgenommen. Der 23-Jährige war von Februar bis März 1952 im Gefängnis Leistikowstraße inhaftiert. Zu 25 Jahren Lagerhaft wegen angeblicher Spionage verurteilt, musste er Zwangsarbeit in Workuta (Sowjetunion) leisten. 1955 wurde er in die DDR entlassen.

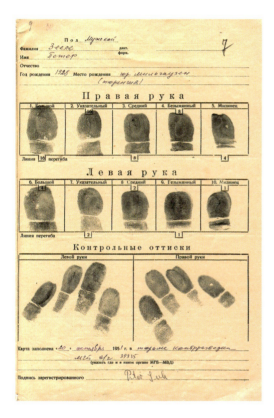

Fingerabdrücke des Untersuchungshäftlings Peter Seele (* 1928)
Potsdam, 20. 10. 1951
RGWA, Moskau

Formular der Haftakte von Peter Seele mit Fotos
Potsdam, 4. 5. 1952–25. 2. 1955
RGWA, Moskau

Unterbringung und Mitgefangene

Männer und Frauen wurden getrennt voneinander in Einzel- oder Sammelzellen gesperrt. Menschen unterschiedlichen Alters, unterschiedlicher sozialer Herkunft und Nationalität trafen aufeinander. Hunger und Enge führten oftmals zu Spannungen. Die Häftlinge erlebten Konkurrenz und Konflikte untereinander, aber auch Solidarität und Kameradschaft.

Metallbeschlagene Türen, jeweils mit Spion und Essensklappe versehen, verriegelten die Zellen. Belüftet wurden sie durch vergitterte, unverglaste Fenster mit Holzverblendung. Dadurch drang kein oder nur wenig Tageslicht ein. Tag und Nacht brannte künstliches Licht.

Bis in die 1950er-Jahre mussten die Häftlinge auf Holzpodesten schlafen. Selten gab es Decken oder Strohsäcke. Seit Ende der 1950er-Jahre ersetzten Doppelstockbetten, später einfache Bettgestelle die Holzpodeste der Anfangsjahre. Für die Verrichtung der Notdurft stand ein Kübel neben der Zellentür, der alle ein bis zwei Tage von Häftlingen geleert wurde. Der Gestank war unerträglich.

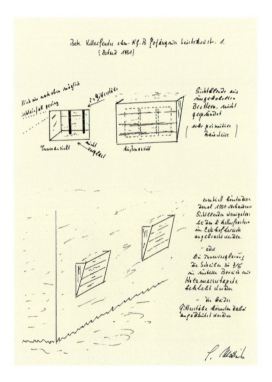

Zeichnung der Holzabdeckungen der Kellerfenster in den 1950er-Jahren
Rekonstruktion des ehemaligen Häftlings Günter Martins, undatiert
GBLP, Potsdam

Gitter einer Zellenlampe
Fundstück Leistikowstraße 1, undatiert
GBLP, Potsdam

Versorgung und Hygiene

Die Verpflegung war völlig unzureichend, qualitativ schlecht und einseitig. Die Häftlinge litten Hunger und waren anfällig für lebensbedrohliche Krankheiten. Katastrophale hygienische Verhältnisse verschärften diese Situation. Toilettenpapier, Seife, Handtücher, Waschlappen gab es in den ersten Jahren ebenso wenig wie Zahnbürsten, Kämme oder Hygieneartikel für Frauen. Wäsche zum Wechseln war nicht vorgesehen; für die Dauer der Untersuchungshaft trugen die Gefangenen die Kleidung, die sie bei ihrer Verhaftung getragen hatten. Verdreckt und voller Ungeziefer wurden sie von Ekzemen und Krätze geplagt, die in der Regel nicht behandelt wurden.

Wie viele Menschen an den Haftbedingungen zugrunde gingen, ist nicht belegt.

In den 1960er-Jahren verbesserte sich die Situation durch den Einbau von Sanitäranlagen und Freigangzellen im Hof.

Essnapf aus Aluminium
Fundstück Leistikowstraße 1, undatiert
GBLP, Potsdam

Holzlöffel
Fundstück Leistikowstraße 1, undatiert
GBLP, Potsdam

Solche Schüsseln gab es in allen sowjetischen Gefängnissen und Lagern. Darin wurde die Essensration in die Zelle gereicht. Die Verpflegung bestand in der Regel aus wenig nahrhaftem Brot, Brei oder Suppe; manchmal gab es Salzheringe. Daneben erhielten die Häftlinge Wasser, Tee oder Malzkaffee.

Zu den Mahlzeiten bekamen die Gefangenen einen Holzlöffel. Wie den Napf mussten sie ihn nach dem Essen dem Wachpersonal zurückgeben. Manche Häftlinge nannten die mitunter farbig bemalten Löffel „Stalinkellen".

Protokoll zur Transportliste mit Angaben zu Krankheiten von Häftlingen
Potsdam, 29. 4. 1949
GARF, Moskau

Nach der Überstellung in das Speziallager Nr. 1 in Sachsenhausen fand eine oberflächliche medizinische Untersuchung statt. Herzbeschwerden, Eierstockentzündung, vegetative Neurose und chronischer Rheumatismus wurden bei Gefangenen dieses Transports notiert.

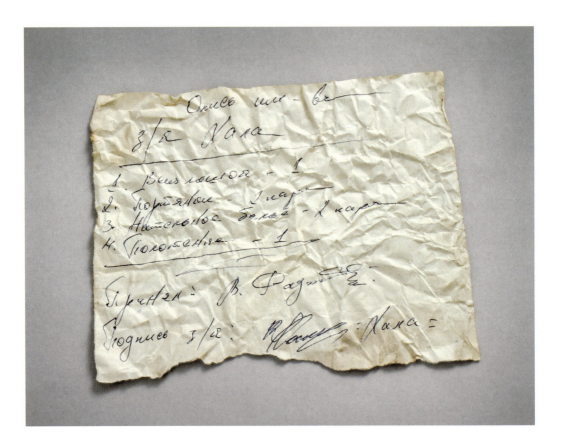

Liste des Eigentums der Strafgefangenen R. Chala
Fundstück Leistikowstraße 1, undatiert
GBLP, Potsdam

Ende der 1950er-Jahre verbesserten sich die Haftbedingungen für die sowjetischen Armeeangehörigen. Sie erhielten regelmäßig frische Kleidung und Handtücher und konnten Seife, Tabak und Lebensmittel beziehen. Auf der Liste sind u. a. Fußlappen, Unterwäsche und ein Handtuch verzeichnet.

Tagesablauf und Selbstbehauptung

Die Gefangenen waren einem eintönigen Tagesablauf ausgesetzt, der nur durch die Essensausgabe und die meist nächtlichen Verhöre unterbrochen wurde. Schlafentzug und andere Foltermaßnahmen beschleunigten den körperlichen und geistigen Verfall. Die vollkommene Unwissenheit über den Haftort, die Isolation von der Außenwelt und der fehlende Kontakt zu Angehörigen belasteten sie schwer. Die Angst vor einer langjährigen Haftstrafe oder einem Todesurteil ließ viele Häftlinge verzweifeln. Gedanken an Flucht, aber auch an Selbstmord lagen in dieser Situation nahe.

Seelischen Halt fanden sie in Erinnerungen an die Heimat oder die Familie. Anderen half ihr religiöser Glaube. Trotz drohender Strafen versuchten Häftlinge, mittels Klopfzeichen Kontakt zu anderen Gefangenen aufzunehmen, um die Einsamkeit zu durchbrechen. In Sammelzellen konnten Gefangene miteinander reden. Sie mussten dabei aber immer mit eingeschleusten Geheimdienst-Spitzeln rechnen.

Schachbrett auf der Holzpritsche in einer Kellerzelle
Potsdam, 2010, Foto: Friedemann Steinhausen
GBLP, Potsdam

Gefangene kratzten das Schachbrett vermutlich mit Besteckteilen ins Holz. Die Figuren fertigten sie aus vom Munde abgespartem Brotteig. Trotz drohender Strafen ritzten viele ihren Namen, die Haftdaten, Sprüche und Bilder in die Wände und führten Haftkalender.

Tagesablauf im Gefängnis
17. 2. 1950
NARA, Washington

Dem Bericht eines ehemaligen Mitarbeiters der sowjetischen Spionageabwehr zufolge wurde den Gefangenen um 7 Uhr die erste und um 13 Uhr die zweite Ration des Tages zugeteilt. Tee wurde um 17 Uhr ausgegeben. Für den Hofgang waren 15 bis 20 Minuten täglich vorgesehen. Diese Regeln wurden oft missachtet.

Gefängnispersonal

Die Häftlinge kamen bei der Essensausgabe, beim Leeren des Kübels oder beim Gang zu den Verhören mit Wachsoldaten in Kontakt. Die Wachen erteilten Befehle auf Russisch, was die meisten deutschen Gefangenen nicht verstanden. Das Gefängnispersonal bestrafte Häftlinge oft willkürlich.

Auf Weisung der Ermittlungsoffiziere kürzten sie die Essensrationen der Häftlinge oder sperrten sie haftverschärfend in Karzerzellen. Die Flurposten überwachten die Gefangenen durch Spione in den Zellentüren. Große Sammelzellen hatten zusätzliche Spione im Mauerwerk.

Wer tagsüber einschlief oder per Klopfzeichen mit anderen Häftlingen kommunizierte, musste mit Strafe rechnen. Einige Soldaten ließen die Gefangenen gewähren; manchmal verschenkten sie Zigaretten oder ein Stück Brot. Ehemalige Häftlinge berichteten von sexueller Belästigung und Vergewaltigung.

Sowjetische Soldatenbluse
Fundstück Leistikowstraße 1, undatiert
GBLP, Potsdam

Verhöre und Prozess

In der Untersuchungshaft wurden die Häftlinge von Geheimdienstmitarbeitern intensiv verhört. Diese versuchten mit allen Mitteln, Geständnisse von den Inhaftierten zu bekommen. Reichten Drohungen und Beschimpfungen nicht aus, schlugen, quälten und misshandelten sie die Gefangenen oder ordneten Foltermaßnahmen wie Schlaf- und Essensentzug sowie Isolations- oder Dunkelhaft an. Die Verhöre stellten die größte Tortur für die Häftlinge dar. Die Gefangenen wurden demoralisiert und ihr Widerstand gebrochen. Sie mussten die Verhörprotokolle mit den erpressten Geständnissen unterschreiben. Diese galten als wichtigster und häufig einziger Schuldbeweis für eine Verurteilung.

Nach Abschluss der Verhöre verurteilten Sowjetische Militärtribunale die Häftlinge unter Ausschluss der Öffentlichkeit. Es gab weder Verteidiger noch Be- oder Entlastungszeugen. Manche erhielten Fernurteile aus Moskau. Das Strafmaß variierte zwischen langjähriger Haftstrafe und Todesurteil.

Die Mehrheit der deutschen Häftlinge wurde auf Grundlage des politischen Artikels 58 zur Ahndung „konterrevolutionärer Verbrechen" verurteilt.

Zigarettenschachteln
Fundstücke Leistikowstraße 1, undatiert
GBLP, Potsdam

In ihrer Erinnerung verbinden viele ehemalige deutsche Häftlinge die Verhöre mit dem Geruch russischer Zigaretten, die ihre Vernehmer rauchten. Sie berichteten auch, dass sie mit brennenden Zigaretten gefoltert oder in anderer Form misshandelt wurden.

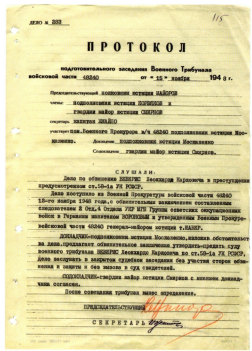

Protokoll der Gerichtssitzung
Potsdam, 15.11.1948
Historisches Staatsarchiv Lettlands, Riga

Ein Militärgericht verurteilte den Letten Leonhards Veveris als angeblichen „Vaterlandsverräter" zu 25 Jahren Lagerhaft. Mit der Überstellung in die Sowjetunion endete seine viermonatige Untersuchungshaft in der Leistikowstraße.

Häftlingsinschriften

Der Keller wurde von 1945 bis 1955 für die Inhaftierung von Gefangenen genutzt. Aus dieser Zeit sind über 1200 Häftlingsinschriften erhalten, mehr als die Hälfte davon sind in russischer Sprache. Die Graffiti im Flur stammen vom Wachpersonal und von Gedenkstättenbesuchern.

Häftlinge ritzten mit Fingernägeln, Holzsplittern, Nägeln oder Besteckteilen. Ihre Inschriften sind seltene Zeugnisse ihrer psychischen Verfassung, Selbstbeschäftigung und Kommunikation.
Die Zeichnungen, Gedichte und Sinnsprüche geben Sehnsüchte und Religiosität zu erkennen. Kalender, Zahlenfolgen und Zählstriche dienten der zeitlichen Orientierung. In der Hoffnung, dass andere Häftlinge die Informationen lesen und weitergeben, wurden auch Name, Wohnort, Alter, Prozessdatum und Strafmaß festgehalten. Es gibt mehr als 60 Namensinschriften. Die Gedenkstätte konnte die Schicksale ihrer Verfasser nach umfangreichen Recherchen klären.

Die Ausstellung dokumentiert deutschsprachige Inschriften in Kellerzelle 12 und russischsprachige Inschriften in Kellerzelle 10.

БОГ ЕСТЬ
GOTT HILFT
Potsdam, Foto: Friedemann Steinhausen
GBLP, Potsdam

Giesela Hoe[ber]
Bad Freienw[alde]

Giesela Hoeber
Potsdam, 1950/1951
FSB-Archiv, Moskau/Stiftung Sächsische Gedenkstätten, Dresden

Giesela Hoeber (1928–2010) wurde mit ihrem Mann Hermann (* 1925) von Dezember 1950 bis Mai/Juni 1951 im Untersuchungsgefängnis in der Leistikowstraße festgehalten. Der Geheimdienst hatte sie zusammen mit 34 weiteren Personen verhaftet, die der Bad Freienwalder Widerstandsgruppe um Hans Erdler zugerechnet wurden. Hermann Hoeber wurde wegen angeblicher Spionage und Mitgliedschaft in einer „konterrevolutionären Organisation" zum Tode verurteilt und am 4. Juli 1951 in Moskau erschossen. Seine Frau erhielt 25 Jahre Lagerhaft. Sie kehrte im Oktober 1955 aus Workuta zurück. Das Ehepaar wurde in den 1990er-Jahren rehabilitiert.

HÄFTLINGSINSCHRIFTEN 199

Liesbeth Richter
Rosslau
Akazienweg No 9
geb. 18. 6. 34

Liesbeth Richter
um 1960
Liesbeth Weimann, Solingen

Liesbeth Richter (* 1934) wurde im Mai 1952 zusammen mit ihrer Freundin Elli Klickermann (* 1929) auf dem Bahnhof in Roßlau von zwei Männern in Zivil festgenommen, als sie aus West-Berlin kamen. Beide wurden wegen angeblicher Spionage verurteilt. Elli Klickermann erhielt 15, Liesbeth Richter 25 Jahre Lagerhaft. Liesbeth Richter war gemeinsam mit weiteren Frauen fünf Monate in dieser Zelle eingesperrt. Sie trug nur Sandalen und ein dünnes Sommerkleid. Warme Kleidung erhielt sie erst nach dem Abtransport in die Sowjetunion im November 1952. Nach drei Jahren Lagerhaft in Workuta kehrte sie zu ihren Eltern in die DDR zurück.

Erika Sagert
Potsdam 25 Jahre

Erika Sagert mit ihrem Sohn
Potsdam-Wilhelmshorst, 1952/1953
GBLP, Potsdam

Erika Sagert (* 1929) wurde in Potsdam mit russischen Dokumenten, Briefen und Zeitungen in der Tasche verhaftet, die sie im Umfeld einer Kaserne zusammen mit Brennmaterial eingesammelt hatte. Sie wurde am 19. März 1953 wegen angeblicher Spionage zu 25 Jahren Lagerhaft verurteilt. Während der Haft ritzte sie mehrere Inschriften in die Wände ein. Über ihr Motiv sagte sie: „Wir haben gedacht, wir verschwinden von der Welt. – Es geht nach Sibirien, und niemand hört, wo wir abgeblieben sind. […] Damit jemand das doch mal sieht, darum macht man das." Erika Sagert kehrte am 16. Oktober 1955 aus Workuta zurück. Sie wurde am 22. Oktober 2001 rehabilitiert.

**HERBERT
WÜSTENBERG
TODESSTRAFE 14. 6. 50**

**Herbert Wüstenberg (r.)
mit seinem Bruder**
undatiert
Waltraud Kels, Köln

Herbert Wüstenberg (* 1917) wurde am 16. Februar 1950 festgenommen, als er einen sowjetischen Flugplatz fotografierte. Bei sich hatte er einen Kompass sowie Fotos und Listen weiterer Militärflugplätze in der DDR. Fahrkarten, die seine Reisen an diese Orte belegten, wurden ihm ebenfalls abgenommen. Das Sowjetische Militärtribunal Nr. 48240 verurteilte ihn unter dem Vorwurf der Spionage zum Tode. Er wurde am 13. Oktober 1950 in Moskau hingerichtet.

Elisabeth Reich und Erich Steinig

**Elisabeth Reich
Bln-Pankow
Trelleborger Str. 60
20 Jahre alt
zu 12 Jahren verurteilt**

**ERICH STEINIG
TODESSTRAFE 14. 4. 53**

Elisabeth Reich
Berlin, um 1955
GBLP, Potsdam

Erich Steinig
Berlin, 19. 6. 1952
GBLP, Potsdam

Die Verlobten Elisabeth Reich (* 1932) und Erich Steinig (* 1918) wurden in Wünsdorf in der Nähe des Oberkommandos der Sowjetischen Streitkräfte in Deutschland verhaftet. Dort hatten sie für einen amerikanischen Geheimdienst Fahrzeugkennzeichen erfasst. Ein Sowjetisches Militärtribunal verurteilte sie am 14. April 1953 wegen Spionage. Erich Steinig erhielt die Todesstrafe, Elisabeth Reich 25 Jahre Lagerhaft. Sie las seine Inschrift in dieser Zelle und ritzte daraufhin in die Wand: „Lieber Erich ich warte auf D[ic]h!" Erich Steinig wurde zu 15 Jahren und Elisabeth Reich zu 12 Jahren Lagerhaft begnadigt. Er kehrte 1955 aus Workuta zurück. Sie wurde amnestiert und am 15. Juni 1953 aus dem Gefängnis Leistikowstraße entlassen. Das Paar sah sich nicht wieder. Beide wurden am 17. Mai 2001 rehabilitiert.

RADZIEJEWSKI
Todesstrafe 2[7.7.]**5**[0]

Adalbert Radziejewski
Berlin, 1949
Klaus-Dieter Radziejewski, Berlin

Oskar Blau
undatiert
Margit Beier, Berlin

Adalbert Radziejewski (* 1920) wurde am 28. März 1950 in seiner Wohnung in Berlin-Adlershof verhaftet. Er hatte gemeinsam mit dem ehemaligen Luftwaffenoffizier Oskar Blau (* 1914) und dessen Schwager Horst Litta (* 1926) für einen westlichen Geheimdienst Informationen über sowjetische Militärflugplätze gesammelt. Das SMT Nr. 48240 verurteilte die Männer am 27. Juli 1950 wegen Spionage zum Tode. Alle drei wurden im Oktober 1950 in Moskau erschossen.

Курск, ст 106, 3 химия
Kursk, Art. 106, 3 [Jahre] Chemie

Der Verfasser kam aus der Stadt Kursk in Südrussland. Er wurde nach Artikel 106 des Strafgesetzbuches der RSFSR von 1961 wegen „fahrlässiger Tötung" zu drei Jahren Haft verurteilt. Die Strafe sollte in einer „offenen" Besserungsanstalt verbüßt werden. Solche Haftorte wurden umgangssprachlich als „Chemie" bezeichnet, weil deren Insassen in Betrieben mit schwerer, teilweise gesundheitsschädigender Produktion eingesetzt wurden.

ст 260	Art. 260
дали	bekam
3,5 общ	3,5 allg.
Курган	Kurgan
Завтра	morgen
этап	auf den Transport

Der Urheber dieser Inschrift stammte aus Kurgan in Westsibirien. Er wurde nach Artikel 260 des Strafgesetzbuches der RSFSR von 1961 wegen „Missbrauchs von Dienstgewalt, Überschreitung der Dienstbefugnisse und Pflichtvergessenheit im Dienst" zu dreieinhalb Jahren Freiheitsentzug unter allgemeinen Haftbedingungen verurteilt. Das Gesetz sah für diese Tatbestände Strafen zwischen sechs Monaten und zehn Jahren vor.

Саратов	Saratow
ст. 144, ч. 3,4	Art. 144, 3,4
6 общ.	6 allg.

Saratow ist eine Stadt an der Wolga. Die Absätze 3 und 4 des Artikels 144 des Strafgesetzbuches der RSFSR von 1961 beziehen sich auf schweren Diebstahl von Privateigentum. Der Verfasser wurde offensichtlich zu sechs Jahren Freiheitsentzug unter allgemeinen Haftbedingungen verurteilt. Er bekam somit eine „mittlere" Strafe, denn das Strafmaß für die genannte Straftat lag laut Gesetz zwischen vier und zehn Jahren.

HÄFTLINGSINSCHRIFTEN

Краснодар,	Krasnodar
ДМБ 80-83	DMB 80-83
ст. 144 II	Artikel 144 II

Der Urheber dieser Inschrift kam aus der Stadt Krasnodar. Er wurde wegen Gruppendiebstahls nach Artikel 144 des Strafgesetzbuches der RSFSR von 1961 verurteilt. Er begann seinen Dienst 1980 und hätte erst 1983 demobilisiert werden sollen, obwohl der reguläre Armeedienst zwei Jahre dauerte. Vermutlich war er ein Fahrer, dessen Armeezeit sichautomatisch um die Dauer seiner „armeefremden" Arbeitseinsätze in der Landwirtscha

Die Geschichte des Ortes

Sitz der Evangelischen Frauenhilfe

Die wechselvolle Geschichte des vom Evangelisch-Kirchlichen Hilfsverein (EKH) erbauten Hauses in der Leistikowstraße 1 begann im Jahr 1916 als Pfarrhaus und Verwaltungssitz der Evangelischen Frauenhilfe. Der EKH unterstützte die Arbeit von Frauen in der Gemeinde für Hilfebedürftige sowie den Bau von Kirchen und Gemeindehäusern. Im Jahr 1899 gründete er die Evangelische Frauenhilfe, die sich schnell mitgliedsstark über ganz Preußen ausbreitete. Ziel der Frauenhilfe war es, den evangelischen Glauben zu stärken. Freiwillige soziale Arbeit von Frauen und Bibelkurse bildeten ihre Hauptbetätigungsfelder.

Holzkreuz
1930er-Jahre
Maria Gronostay, Berlin

Dieses Kreuz stammt aus dem Arbeitszimmer des Pfarrers Rudolf Brinkmeier (1906–1986), das sich im Erdgeschoss der Geschäftsstelle der Evangelischen Frauenhilfe befand.
Rudolf Brinkmeier arbeitete von 1937 bis 1941 als Schriftleiter der Verbandszeitschrift „Der Bote" im Gebäude Mirbachstraße 1 (heute: Leistikowstraße 1).

Pfarrhaus in der Mirbachstraße 1 (heute: Leistikowstraße 1)
Aus einem Werbefilm der Reichsfrauenhilfe, 1938/1945
ELAB, Berlin

Die Arbeitsräume der Frauenhilfe befanden sich im Erdgeschoss. Die geschäftsführenden Pfarrer lebten mit ihren Familien in der Wohnung im Obergeschoss.

Brosche der Evangelischen Frauenhilfe zum 25. Jubiläum
undatiert
GBLP, Potsdam

„Frauenhülfe – Blätter für Frauenarbeit in der evangelischen Gemeinde"
Potsdam, 24. 9. 1922
EKH, Potsdam

Innenaufnahme der Pfarrwohnung: Der Salon im Obergeschoss
Potsdam, 1940
Renate Wildenhof, geb. Brandmeyer, Berlin

Siegelstempel des EKH
undatiert
EKH, Potsdam

Zentrales Untersuchungsgefängnis der sowjetischen Spionageabwehr

Die Verwaltung der militärischen Spionageabwehr beschlagnahmte im August 1945 das Pfarrhaus. Der Geheimdienst nutzte es bis 1991 als zentrales Durchgangs- und Untersuchungsgefängnis für Häftlinge aus der gesamten Sowjetischen Besatzungszone (SBZ) und der DDR.

Die von der Spionageabwehr aus den unterschiedlichsten Gründen eingelieferten Menschen wurden verhört und insbesondere in den ersten Jahren durch Folter zu Geständnissen gezwungen, die oftmals die Grundlage für die spätere Verurteilung nach dem berüchtigten Artikel 58 waren. Zur Verbüßung der meist langjährigen Haftstrafen wurden die Gefangenen in die Lager und Gefängnisse in der SBZ/DDR oder in die Lager des Gulag in der Sowjetunion transportiert. Die zum Tode Verurteilten wurden zumeist in Moskau erschossen.

Stacheldraht der Sicherungsanlage um den Gefängnisbereich
Fundstück Leistikowstraße 1, undatiert
GBLP, Potsdam

Wachtürme und ein drei Meter hoher Bretterzaun mit Stacheldraht sicherten das Gefängnis. Daran erinnern heute einige Zaunpfosten im Außenbereich.

Einritzung „Häftling hinter Gittern" im Keller
Potsdam, 2010, Foto: Friedemann Steinhausen
GBLP, Potsdam

Zahlreiche Einritzungen sind die einzigen im Haus erhaltenen Zeugnisse von Häftlingen. Namen und Texte in deutscher und russischer Sprache, Bilder, Zählstriche, Angaben zu Todesurteilen und Gedichte zeugen von Gewalt, Entrechtung und Einsamkeit.

Soldaten des 10. KGB-Wachbataillons vor dem Gefängnis
Potsdam, 1972/1974
Wladimir Jartsew, Oud-Turnhout

Diese Aufnahme eines Wachsoldaten zeigt im Hintergrund das Gefängnis mit der Umzäunung.

Überstellungsliste für das Speziallager Nr. 1 Sachsenhausen
Potsdam, November 1948
GARF, Moskau

Nach der Verurteilung überstellte der sowjetische Geheimdienst die Gefangenen in andere Haftstätten in der Sowjetischen Besatzungszone und der DDR oder direkt in die Arbeitslager des sowjetischen Gulag.

Vom Pfarrhaus zum Haftort. Umbaumaßnahmen zum Gefängnis
Medienstation, Produktion: Gerhards & Glücker
Berlin, 2011
GBLP, Potsdam

Vom Truppenabzug zur Gedenk- und Begegnungsstätte

Das Gebäude Leistikowstraße 1 diente seit dem Jahr 1991 bis zum Abzug der russischen Truppen am 15. August 1994 als Materiallager. Danach wurde es an den Evangelisch-Kirchlichen Hilfsverein (EKH) zurückgegeben.

Der EKH, ehemalige Häftlinge, engagierte Bürger, Amnesty International, MEMORIAL Deutschland e. V. und der 2003 gegründete Gedenkstättenverein setzten sich für den Erhalt des Hauses sowie für die Erforschung seiner Geschichte und die Errichtung einer Gedenkstätte ein.

Das denkmalgeschützte Gefängnisareal wurde ab 2007 konserviert und um ein Besucherzentrum erweitert. Im Dezember 2008 erfolgte die Gründung der Stiftung Gedenk- und Begegnungsstätte Leistikowstraße Potsdam.

Joachim Lange in einer Kellerzelle
Potsdam, 5. 9. 1994
Joachim Liebe, Potsdam

Joachim Lange (1931–2000) besuchte im September 1994 erstmals wieder seinen ehemaligen Haftort.
Er war 1947 als 16-Jähriger wegen des Vorwurfs der Spionage fünf Monate in der Leistikowstraße inhaftiert gewesen. Die Rückkehr belastete ihn ebenso wie viele andere ehemalige Häftlinge.

Joachim Lange berichtet über seine Haft in der Leistikowstraße 1 und die Rückkehr an den Ort 1994
Hörstation, Produktion: Frey Aichele Team Berlin, 2011
RBB-media, Berlin

Neue Schlüssel
Potsdam, 1994
GBLP, Potsdam

Im Spätsommer 1994 stapelten sich Türen, Sichtblenden und Fenstervergitterungen vor dem Gebäude. Russische Soldaten hatten sie abgebaut. Der EKH ließ als erste Sicherungsmaßnahme die Türen wieder einsetzen. Die nachgemachten Schlüssel für die Eingangstüren markieren den zivilen Neubeginn.

Einladung zur ersten Ausstellung „Von Potsdam nach Workuta"
Potsdam, 1997
GBLP, Potsdam

Die Ausstellung „Von Potsdam nach Workuta", kuratiert von MEMORIAL Deutschland e. V., informierte erstmals über die Geschichte des Ortes und die Schicksale der Inhaftierten. Sie wurde mehrfach ergänzt und publiziert.

Das ehemalige KGB-Gefängnis in der Leistikowstraße 1 sollte eine Gedenkstätte für Opfer der sowjetischen Willkürjustiz nach dem Zweiten Weltkrieg werden. Das fordert auch Christian Albroscheit von der Potsdamer Gruppe von amnesty international. Foto: J. Liebe

Vor dem Vergessen bewahren
Menschenrechtler: Einstiges KGB-Gefängnis soll Gedenkstätte werden

Die Opfer der sowjetischen Willkürjustiz sind bisher von der politischen Öffentlichkeit vergessen worden. Das sagt Pfarrer Christian Albroscheit von der Potsdamer Gruppe der Gefangenenhilfsorganisation amnesty international (ai). Ebenso das Haus in der Leistikowstraße 1. Das Innere des Gebäudes mit seinen Zellen und Verhörräumen erinnert noch heute an Zustände faschistischer Konzentrationslager. Das ehemalige KGB-Gefängnis sollte nach Ansicht von Albroscheit eine Gedenkstätte für die Opfer und zu einem Zentrum deutsch-russischer Begegnungen werden. Gleiches fordert der deutsche Förderverein der russischen Menschenrechtsorganisation Memorial, der die gestern zu Ende gegangene Ausstellung „Von Potsdam nach Workuta" zusammengestellt hatte. „Die mehr als 3000 Besucher waren dankbar, daß wir endlich einen weißen Fleck in der Geschichte der Stadt aufgearbeitet haben", sagte Projektleiterin Elke Fein.

Berührt habe sie aber vor allem die Betroffenheit der Besucher, darunter auch einige ehemalige Häftlinge. Im KGB-Gefängnis waren im Zuge der Massenverhaftungen der frühen fünfziger Jahre zunächst Deutsche, nach Potsdamer, in den Jahren ab 1955 aber vor allem fahnenflüchtige, sowjetische Soldaten unter entwürdigenden Bedingungen inhaftiert.

Im Sommer 1994 verließ der russische Geheimdienst das „KGB-Städtchen". Das Gebäude ist völlig marode und müßte rekonstruiert werden. Eigentümer ist die evangelische Kirche Potsdam, verwaltet wird es vom Evangelisch-kirchlichen Hilfsverein der Pfingstgemeinde. Während der Ausstellungszeit hatten die Potsdamer Gruppe von ai und der Memorial ihre Informationsstände dort aufgebaut. Laut Albroscheit waren trotz Einladung weder Vertreter der Stadtverwaltung noch der Landesregierung zur Eröffnung gekommen. Kulturminister Steffen Reiche (SPD) habe sich die Ausstellung privat angesehen und sei betroffen gewesen, sagte Christian Albroscheit. Es gebe bisher keine Unterstützung vom Land und von der Stadt, so Albroscheit gestern zur MAZ. Ein erstes Zeichen könnte die Zusammenkunft von Vertretern der Evangelischen Hilfsvereins, von Memorial und ai Potsdam sowie des Kulturministeriums am gestrigen Abend gewesen sein.

Der neugegründeten Potsdamer ai-Gruppe gehören 16 Mitglieder an, die sich an jedem 2. und 4. Mittwoch im Monat, jeweils 19 Uhr, Am Grünen Gitter 1, treffen.

J. Rohne

**Vom Gefängnis zur Gedenk- und Begegnungsstätte.
Eine wechselvolle Geschichte**
Medienstation, Produktion: Gerhards & Glücker, Berlin, 2011
GBLP, Potsdam

Raum- und Ortsansichten

Einzelzelle
Bis 1945 Teil der Diele und Teil des Treppenaufgangs zum Dachgeschoss
Nach 1945 Einzelzelle

Im Obergeschoss des Hauses befand sich bis 1945 die Wohnung des geschäftsführenden Pfarrers der Evangelischen Frauenhilfe.
Nach 1945 wurden in dieser Etage, im östlichen Flügel, durch das Einziehen von Zwischenwänden Sammel- und Einzelzellen geschaffen. Die Räume des westlichen Flügels dienten als Vernehmerbüros. Gittertüren sicherten Flure und Treppenhäuser. Alle Flurtüren wurden komplett mit Rahmen ausgebaut und gedreht. So gingen sie, wie in Gefängnissen üblich, nach außen auf.
In der Diele wurde die Fenstertür zum Balkon zugemauert und der Treppenaufgang zum Dachgeschoss weggerissen. Es entstand Platz für eine Einzelzelle. Eine weitere Einzelzelle befand sich im ehemaligen Gäste-WC.

Vernehmerzimmer
Bis 1945 Kinderzimmer
Nach 1945 Vernehmerzimmer

Das Kinderzimmer der Pfarrwohnung zierte ein hölzerner Erker mit bunten Butzenscheiben. Er wurde 1974 bei der Erneuerung des Daches abgerissen.
Der schwarze Kachelofen wurde wie die anderen Öfen im Haus nach 1945 zugemauert. Das verhinderte, dass Häftlinge Gegenstände verstecken sowie über Rohre und Kaminschächte mit Gefangenen in anderen Zellen kommunizieren konnten. Die alte Zentralheizung wurde weiter genutzt.
In diesem Raum verhörten nach 1945 Offiziere der militärischen Spionageabwehr Untersuchungshäftlinge. Er war mit einem Tisch ausgestattet, hinter dem der Vernehmer und gegebenenfalls ein Dolmetscher saßen. Der Untersuchungshäftling musste ihnen gegenüber mit einigem Abstand Platz nehmen. Die Hocker waren am Boden angeschraubt.

Mirbachstraße 1 (heute: Leistikowstraße 1)
mit Erker des Kinderzimmers
Potsdam, 1943
Anneliese Schildmann, Bielefeld

Sammelzelle
Bis 1945 Esszimmer
Nach 1945 Sammelzelle

Der Raum war das einstige Esszimmer. Nach 1945 wurden die Flügeltür zum angrenzenden Wohnzimmer und die Fenster bis auf einen schmalen Schlitz zugemauert. Es entstand eine Sammelzelle. In solchen Zellen waren zeitweise 15 bis 20 Häftlinge eingepfercht.

Esszimmer
Potsdam, 1943
Anneliese Schildmann, Bielefeld

Привет Ставропольцам
здесь сидел [...] Клевский   25.09.56 г
Привет Казахстанским
сижу за [...]

„Gruß an die Stawropoler"
„Hier saß [...] Klewskij 25. 8. 56"
„Gruß an die Kasachstaner kri [...]"
„Ich sitze wegen [...]"

Einritzungen von sowjetischen Häftlingen auf dem Ofen
(Längsseite, 5. Reihe von oben, Kacheln 2 und 3)
1952–1959

Sowjetische Häftlinge ritzten in den 1950er-Jahren mehr als 50 Botschaften in die Kacheln dieses Ofens. Neben den Inschriften im Keller sind dies die einzigen originären Haftzeugnisse. Es waren Grüße, oft Angaben zu den Heimat- oder Herkunftsorten, seltener persönliche Informationen.

Häftlingsdusche
Bis 1945 Küche mit Speisekammer und Dienstmädchenzimmer
Nach 1945 Küche
Seit den 1970er-Jahren Häftlingsdusche

Die Küche der Pfarrwohnung verfügte über eine Speisekammer und über eine kleine Kammer für das Dienstmädchen. Diese wurden später entfernt. Auf den bauzeitlichen Bodenfliesen und an den Wänden sind noch Spuren von Einbauten wie Kohlenherd und Ofen erkennbar.
Das Gefängnispersonal nutzte diesen Raum nach 1945 weiter als Küche. In den 1970er-Jahren wurden die Wände gefliest und Duschen eingebaut. Soldaten führten die Gefangenen zum Duschen und konnten sie vom Vorraum aus überwachen.

Sanitärraum
Bis 1945 Packraum
Nach 1945 Wache
Seit den 1960er-Jahren Sanitärraum

In diesem Raum bereiteten Mitarbeiter der Evangelischen Frauenhilfe den Versand verbandseigener Publikationen in die Zweigvereine und Landesverbände vor.
Nach 1945 richtete die militärische Spionageabwehr einen Wachraum ein. Das Gefängnispersonal durchsuchte hier neu ankommende Häftlinge und nahm ihnen Gürtel, Schnürsenkel sowie persönliche Gegenstände ab.
Später bekam der Raum Toiletten und Waschbecken für die Gefangenen. Die erhaltenen Sanitäranlagen stammen aus den 1970er-Jahren. Sie entsprachen dem Standard sowjetischer Kasernen in der DDR.

„Der Bote für die evangelische Frau"
Potsdam, 17. 8. 1939
Hauptarchiv der von Bodelschwinghschen Anstalten, Bethel

Strafzelle
Bis 1945 Toilette
Nach 1945 Einzelzelle
Nach 1977 Strafzelle

Dieser Raum war bis 1945 eine Toilette für die Mitarbeiter der Evangelischen Frauenhilfe. Die Fußbodenfliesen sind original erhalten. Nach 1945 richtete die Spionageabwehr eine Strafzelle ein. Die Wände wurden Ende der 1970er-Jahre mit Rauputz versehen. Der Rauputz verhinderte, dass Gefangene sich an die Wand lehnen und Botschaften in die Wände einritzen konnten. Heimliche Klopfzeichen waren ebenso unmöglich.

„Die Wände der Strafzellen und Disziplinar-Isolatoren sowie die Karzer sind mit einem Rauputz-Zement zu versehen."
Aus: Regelwerk der inneren Ordnung der Arbeitsbesserungseinrichtungen des Innenministeriums der Sowjetunion, Moskau, 10. 10. 1977

Wache
Bis 1945 Expedientenbüro und Telefonzentrale
Nach 1945 Wache

Dieser Raum gehörte zum einstigen Büro für Bestellannahme, Versand und Abrechnung von Schriften der Evangelischen Frauenhilfe. Nach 1945 wurde der ursprüngliche Büroraum geteilt. Es entstanden eine Haftzelle und eine Wache. Existierende Telefonleitungen wurden ausgebaut. In den 1970er-Jahren erhielten alle Zellentüren eine elektrische Alarmsicherung, deren Leitungen in der Wache zusammenliefen.
Der umgebaute Vorraum der Wache – die frühere Teeküche für Angestellte der Evangelischen Frauenhilfe – diente seit Mitte der 1950er-Jahre als Schleuse mit Ausgang zum Hof.

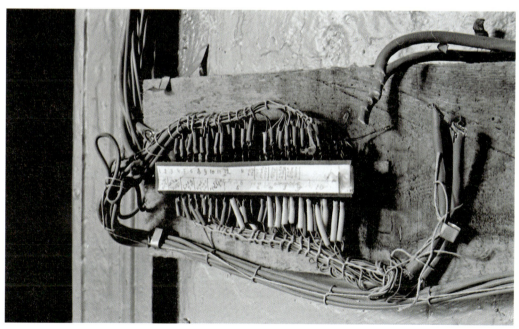

Reste der Kabelanlage
Potsdam, 1994, Foto: Erik-Jan Ouwerkerk
GBLP, Potsdam

Freigangzellen
Bis 1945 Garten
Nach 1945 Hof mit Latrine
Seit Ende der 1950er-Jahre Freigangzellen

Bis 1945 befand sich auf dem Grundstück ein großzügiger Garten mit Bäumen, Rasenflächen sowie Beeten mit Zier- und Nutzpflanzen. Nach 1945 entstand vor der Westfassade des Gebäudes eine offene Latrine. Dort leerten Häftlinge zumeist alle ein bis zwei Tage die Abortkübel ihrer Zellen. Ab 1948 gab es im Hof einen Toiletten- und Waschtrakt. Vielen Gefangenen blieb die Nutzung allerdings verwehrt. In den späten 1950er-Jahren entstanden Freigangzellen. Täglich konnten Häftlinge sich etwa eine halbe Stunde in diesem Außenbereich bewegen. Gespräche mit anderen Gefangenen waren untersagt.

Die Töchter des Pfarrers Adolf Brandmeyer (1899–1941) im Garten
Renate Wildenhof (geb. Brandmeyer), Berlin

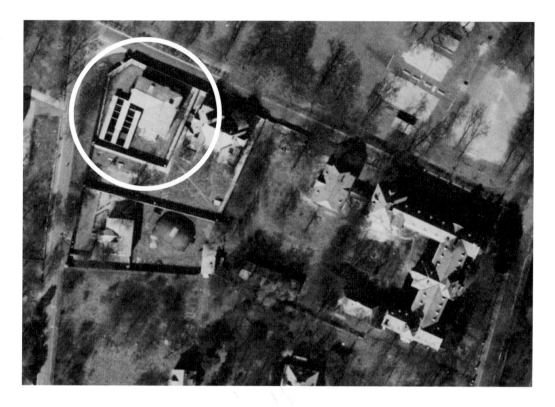

Freigangzellen des Gefängnisses
Luftbild der NVA (Ausschnitt), Potsdam, 1985
Amt für Geoinformationswesen der Bundeswehr, Euskirchen

Von einem bewachten Mittelgang gingen kleinere und größere Freigangzellen ab. Um Fluchten zu verhindern, waren sie mit einem Netz aus Stacheldraht abgedeckt. Die Wände bestanden aus hohen Holzbrettern in grüner Farbe.

Stehkarzer
Bis 1945 Abstellkammer
Nach 1946 Stehkarzer/Strafzelle

Dieser Karzer diente zur Isolationshaft. Sie war gängige Praxis, um Häftlinge zu bestrafen oder im Rahmen der Vernehmungen zu Geständnissen zu zwingen.
Im Karzer mussten die Gefangenen oft mehrere Tage stehen, sie durften sich nicht auf den Boden setzen. Es fehlte jegliche Frischluftzufuhr. Viele bekamen Erstickungsängste. Sie brachen bereits nach wenigen Stunden zusammen. Gefängnispersonal schüttete über ohnmächtigen Häftlingen Wassereimer aus, damit sie wieder zu sich kamen. Da Kübel fehlten, mussten die Gefangenen ihre Notdurft auf den Boden dieser Zelle verrichten.

Häftlingsdusche
Bis 1945 Vorratsraum
Nach 1945 Häftlingsdusche

Im Keller befanden sich Vorratsräume sowie die Wohnung des Hausmeisters mit Parkettfußboden. Sie wurden durch massive bauliche Eingriffe zu einem Zellentrakt umfunktioniert.
Dieser Vorratsraum wurde 1945 zum Duschraum umgebaut. Ehemalige Häftlinge erinnern sich unterschiedlich daran, ob und wie oft sie duschen durften. Der Keller wurde seit Ende der 1950er-Jahre nicht mehr zur Inhaftierung von Gefangenen genutzt. Die Häftlingsdusche hingegen blieb bis in die 1980er-Jahre in Betrieb. Die gegenüberliegende Zelle diente vermutlich als Umkleideraum. Dort gibt es Inschriften aus der Zeit von 1980 bis 1986.

Dachgeschoss
Bis 1945 Wohnräume und Wäscheboden
Nach 1945 Sanitätsstation

Das Haus verfügte ursprünglich über eine geräumige Dachetage mit einer Wohnung für zwei Mitarbeiterinnen der Evangelischen Frauenhilfe und einem Wäscheboden.
Nach 1945 richtete die Gefängnisleitung dort eine Sanitätsstation ein. Nur wenige ehemalige Häftlinge berichteten von einer notdürftigen medizinischen Behandlung. Das Dachgeschoss wurde 1974 abgetragen und durch ein Flachdach ersetzt.
Die Sanitätsstation wurde in ein nahe gelegenes Gebäude verlegt. Zwei Soldaten des 10. KGB-Wachbataillons führten kranke Häftlinge dorthin.

Mirbachstraße 1 (heute: Leistikowstraße 1)
mit dem Turmzimmer der Dachgeschosswohnung
Straßenansicht von der Großen Weinmeisterstraße aus, vor 1945
EKH, Potsdam

Abkürzungsverzeichnis

BArch	Bundesarchiv
BLHA	Brandenburgisches Landeshauptarchiv
BDC	Berlin Document Center
BDM	Bund Deutscher Mädel
BStU	der/die Bundesbeauftragte/r für die Unterlagen des Staatssicherheitsdienstes der ehemaligen DDR
CIA	(engl. „Central Intelligence Agency"), US-Auslandsnachrichtendienst
CIC	(engl. „Counter Intelligence Corps"), US-Militärspionageabwehr
DDR	Deutsche Demokratische Republik
DRK	Deutsches Rotes Kreuz
EKH	Evangelisch-Kirchlicher Hilfsverein
ELAB	Evangelisches Landeskirchliches Archiv in Berlin
FDJ	Freie Deutsche Jugend
FPN	Feldpostnummer
FSB	(russ. „Federalnaja slushba besopasnosti Rossijskoi Federazii"), Föderaler Sicherheitsdienst der Russischen Föderation, russischer Geheimdienst, Nachfolger des KGB
GARF	(russ. „Gosudarstwennyi Archiv Rossijskoj Federazii"), Staatsarchiv der Russischen Föderation
GBLP	Gedenk- und Begegnungsstätte Leistikowstraße Potsdam
GSBTD	Gruppe der Sowjetischen Besatzungstruppen in Deutschland
Gestapo	Geheime Staatspolizei
GPU	(russ. „Gossudarstwennoje politicheskoje uprawlenije", dt. staatliche politische Verwaltung), sowjetische politische Polizei, 1922–1934
GSSD	Gruppe der Sowjetischen Streitkräfte in Deutschland
GULAG	(russ. „Glawnoe uprawlenie lagerej"), Hauptverwaltung Lager, Struktureinheit im NKWD/MWD
GuMS	Gedenkstätte und Museum Sachsenhausen
GUPWI	(russ. „Glawnoe uprawlenie po delam woennoplennych i internirowannych"), Hauptverwaltung für die Angelegenheiten von Kriegsgefangenen und Internierten
HJ	Hitlerjugend
IM	Inoffizieller Mitarbeiter des Ministeriums für Staatssicherheit
Inv.-Nr.	Inventarnummer
ITS	(engl. „International Tracing Service"), Internationaler Suchdienst Bad Arolsen
KGB	(russ. „Komitet gosudarstwennoj besopasnosti SSSR"), Komitee für Staatssicherheit der UdSSR
KgU	Kampfgruppe gegen Unmenschlichkeit (e. V.) in West-Berlin
MfS	Ministerium für Staatssicherheit der DDR
MGB	(russ. „Ministerstwo gosudarstwennoj besopasnosti"), Ministerium für Staatssicherheit der UdSSR
MWD	(russ. „Ministerstwo wnutrennich del SSSR"), Ministerium für Innere Angelegenheiten der UdSSR
NARA	(engl. „National Archives and Records Administration"), Nationalarchiv der USA
NKGB	(russ. „Narodnyj komissariat gosudarstwennoj besopasnosti"), Volkskommissariat für Staatssicherheit

NKO	(russ. „Narodnyj komissariat oborony"), Volkskommissariat für Verteidigung
NKWD	(russ. „Narodnyi komissariat wnutrennich del SSSR"), Volkskommissariat für Innere Angelegenheiten der UdSSR, ab 1946: MWD
NS	Nationalsozialismus, nationalsozialistisch
NSDAP	Nationalsozialistische Deutsche Arbeiterpartei
NVA	Nationale Volksarmee der DDR
OG	Operative Gruppe (eines sowjetischen Geheimdienstes)
OGPU	(russ. „Objedinjonnoje gosudarstwennoje politischeskoje uprawlenije", dt. Vereinigte staatliche politische Verwaltung), sowjetischer Geheimdienst, Vorgänger des NKWD
OSO	(russ. „Osoboje soweschtschanie"), Sonderkommission beim MGB in Moskau, die Fernurteile fällte
RGAKFD	(russ. „Rossiiskii gosudarstvennyi archiw kinofotodokumentov"), Russisches Staatsarchiv für Film- und Fotodokumente, Krasnogorsk
RGWA	(russ. „Rossiiskii Gosudarstvennyi Woennyi Archiv"), Russisches Staatliches Militärarchiv, Moskau
RIAS	Rundfunk im amerikanischen Sektor (in Berlin)
ROA	(russ. „Russkaja Oswoboditjel'naja Armija"); Russische Befreiungsarmee
RSFSR	Russische Sozialistische Föderative Sowjetrepublik
RSHA	Reichssicherheitshauptamt
SA	Sturmabteilung der NSDAP
SAPMO BArch	Stiftung Archiv der Parteien und Massenorganisationen der DDR im Bundesarchiv
SBZ	Sowjetische Besatzungszone
SD	Sicherheitsdienst
SED	Sozialistische Einheitspartei Deutschlands
SKK	Sowjetische Kontrollkommission, 1949–1953, Nachfolgestruktur der SMAD
SMA(D)	Sowjetische Militäradministration (in Deutschland), 1945–1949
SMERSCH	(russ. „Smert' schpionam", dt. „Tod den Spionen"), militärische Spionageabwehr des Volkskommissariats für Verteidigung, 1943–1946
SMT	Sowjetisches Militärtribunal
Spezlager	Speziallager
SS	Schutzstaffel der NSDAP
StGB	Strafgesetzbuch
StVA	Strafvollzugsanstalt
Tscheka	(russ. „Wserossiskaja Tschreswytschainaja Kommissija po borbe s konterrewoljuzijei i sabotaschem", dt. Allrussische Außerordentliche Kommission zur Bekämpfung von Konterrevolution und Sabotage), sowjetischer Geheimdienst 1917–1922, Vorgänger der GPU
UdSSR	Union der Sozialistischen Sowjetrepubliken
UKR	(russ. „Uprawlenije kontrraswedki"), Verwaltung der militärischen Spionageabwehr
UOO	(russ. „Uprawlenije osobych otdelow"), Verwaltung Sonderabteilungen
VEB	Volkseigener Betrieb
VOS	Vereinigung der Opfer des Stalinismus e. V.
WGT	Westgruppe der Truppen
ZK	Zentralkomitee

Personenregister

Abakumow, Wiktor S. 29
Abankin, Dina 176
Abankin, Witold 174–177, 187
Albroscheit, Christian 11
Amler, Heinz 166 f.
Amler, Helene 166 f.
Andersen 89
Artjomenko, Konstantin 78
Artjomow 53

Bachmann, Richard 62
Ball, Wolfgang 74
Balmer, Annemarie 166
Baumbach, Heinz 62
Bechstein, Carl 119, 121
Bechstein, Edwin 118–121
Bechstein, Edwin jr. 121
Bechstein, Helene 121
Becker, Wolfgang 99, 187
Bender, Hildegard 63
Berija, Lawrenti P. 29, 31
Birlack, Dora 81, 83–86
Blau, Oskar 204
Bluszcz, Ernst-Günther 148–151, 153
Bornemann, Adolf 63
Brandmeyer, Adolf 222
Brandt, Wilhelm 41
Brinkmeier, Rudolf 209
Buchholz, Irmgard 140–143
Bukowskij, Wladimir 177
Busch, Wilfred 98 f.

Chala, R. 192
Chwilinski 91–93
Cölln, Hans 63

Daschkewitsch, G. G. 150
Deni, Viktor 30
Dibelius, Otto 132
Domschke, Günther 63, 172

Douglas, Joachim 37, 112
Douglas, Otto 37

Eichler, Hermann 62
Eisfeld, Heinz 62
Erdler, Hans 135, 198
Eylert, Klaus 37, 112

Falke, Hans 63
Fedotow, A. 31
Feige, Ronald 63
Fiedler, Siegfried 153
Filonowitsch, Anatoli 53
Finkelmeier, Konrad 109
Fricker, Maria 99

Gäbel, Helga (geb. Kühn) s. Kühn, Helga
Galanskow, Jurij 177
Garascha, Artom 78
Gburrek, Gerhard 63
Gehlen, Reinhard 151, 153
Gensch, Carl 91
Gensch, Fritz 91 f.
Gerschgorin, Nuchim N. 72, 78, 85
Gierke, Erich 166
Gladko, Georgij 43
Goebbels, Joseph 35, 89
Goldfarb, Ilja Josifowitsch 58
Goldfarb, Rafail 58 f., 71, 73, 75, 77–83, 87–89, 91
Goldfarb, Sophia 58, 77
Gorbatschow, Michail 185
Gorelik, Dmitri 53, 78, 91
Gorin s. Gerschgorin, Nuchim N.
Gorjainov 91
Gries, Franz Maria 63
Güldenpfennig, Karl 62

H., Johanna 72

Hanisch, Karl-Heinz 62
Hanschel, Gerhard 63
Heidt, Heinrich 106–109
Heinkel, Ernst Heinrich 123–125
Herbig, Adolf 166 f.
Himmler, Heinrich 91, 93
Hitler, Adolf 121
Hoeber, Giesela 198
Hoeber, Hermann 63, 198
Hoeffding, Waldemar 43, 51 f., 69 f.
Hofmann 84, 86
Höft, Eberhard 96

Iwanzow, N. 53
Iwaschutin 66

Jarchow 88
Jelzin, Boris 47

Kaemmerer, Siegfried 96
Kalew 91
Kasanzew 83
Kaul 91
Keil, Erich 172
Klausch, Friedrich 144–147, 187
Klickermann, Elli 199
Knebel, Christa 98
Kohl, Helmut 47
Köhler, Horst 117
Kolmakow, Sergej 179, 181
Kühn, Angelika 159, 161
Kühn, Helga 158–161, 187
Kurze, Gisela 11, 16
Kusjak, Alexander M. 53

Lange, Joachim 213
Langewitz, Ingrid 128
Lehmann, Herbert 63
Leschinski, Horst 35
Litta, Horst 204
Litwinenko, Jadwiga 87

Litwinenko, Jakow 87
Ljalin, Oleg 184
Lunberg, Michael 47
Lux, Dr. 81, 84

Martins, Christa 164
Martins, Günter 11, 54, 96, 162–166, 187, 190
Martins, Marie 163 f.
Marx, Dietrich 116
Matschuk, Loni 97
Meins, Ljubow 63, 74 f.
Melsa, Kurt 83 f., 86
Mord, Günther 90
Mord, Walter 90
Mursin 83 f.

Nicolai, Ilse 64

Paichert, Helmut 64, 96
Penzel, Gerhard 73, 81–86, 187
Peter der Große 58
Pieck, Wilhelm 170
Pilipenko 89
Platt, Bodo 153
Plissow 53
Pöller, Reinhard 124
Porth, Max 79 f.
Propp 90

Rackwitz, Hans-Dietrich 153
Radziejewski, Adalbert 204
Reich, Elisabeth 202 f.
Richter, Erna 170, 172
Richter, Liesbeth 199
Richter, Rudi 168–172, 187
Riebling, Fritz 64, 172
Ringel, Günther 64
Romanenko, Alexander 53
Ruchholtz, Günter 64
Ruppert-Illuth, Erich Rudolf 64

S., Horst 36
Safronow, Alexej 178–181, 187
Sagert, Erika 99, 187, 200
Sauljak, Nadeshda 180
Schalai, Iwan Iwanovitsch 35
Schalinski, Marie-Luise 47
Schawer, Boris 66
Scherman, Boris 78, 83, 91
Scheubner, Horst 64
Scheunemann, Adalbert 64
Schinklik, Joachim 35
Schlüter, Franz 112 f.
Schlüter, Hermann 37, 110–113, 116, 187
Schommler, Karl-Heinz 136–139, 187
Schukow, Georgi K. 34
Schwarz, Werner 64
Schwollius, Heinz 114–117
Seele, Peter 15, 64, 187, 189
Seljonin, Pawel W. 81, 85, 128
Sergejew 91–93
Serow, Iwan A. 29, 34
Siebert, Lore 47
Sokolow, Walentin 177
Stade, Siegfried 139
Stalin, Josef 29, 45, 132, 165, 180
Standare, Wilhelm 84
Standare, Wolfgang 84
Steinert, Christoph 64, 129
Steinert, Marie Luise (Marlise) 11, 41, 73, 98, 126–129
Steinig, Erich 202 f.

T., Sergej 76
Tauer, Klaus 37, 112
Teichert, Fritz 164, 166 f.
Tenzer, Irina 103, 105
Tenzer, Sofija s. Yalovetskaja
Tereschenko, Nikolai 78, 91 f.

Terjoschin, Nikolai N. 71, 78, 80, 83, 85
Teschner, Karl-Dieter 135, 150 f., 153
Teßmar, Alfred 64
Thiel, Raphael 122–125
Tichomirow, Dmitri 73, 75, 91
Trommer, Matthias 47
Tschesnokow, Wiktor 175 f.
Tschotschiewa, Wera 105
Tschulowskaja, Neonila 105

Udatschin, Alexandr 182–185
Udatschina, Tamara 184 f.
Uhing, Rudolf 172
Ullmann, Siegfried 98, 153
Urwich, Johann 54, 72, 94

Veveris, Leonhards 61, 66–68, 98, 154–157, 195
Vick, Lieselotte 88
Vossig, Elli 166 f.

Wadis, Alexander 29
Walther, Hans 153
Weigelt, Henner 153
Werin, Andrej S. 35
Wille, Katharina 41
Wilmanns, Hergart 45, 130–133
Wlassow, Nikolai 72
Wolf [d. i. Dr. Lux] s. Lux, Dr.
Woronow, Wiktor 67
Wottke 90
Wüstenberg, Herbert 201

Yalovetskaja, Sofija (geb. Tenzer) 102–105

Zefel, Edith (geb. Penzel) 82, 84, 86

Danksagung und Leihgeberverzeichnis

Zahlreiche Privatpersonen und öffentliche Institutionen im In- und Ausland haben zum Gelingen der Ausstellung mit Schenkungen, Leihgaben, Auskünften und Hinweisen beigetragen. Allen Beteiligten sei herzlich für ihre Unterstützung gedankt. Sollte trotz sorgfältiger Zusammenstellung jemand vergessen worden sein, bitten wir um Nachsicht.

Witold Abankin, Rostow am Don
Christian Albroscheit, Fürstenberg
AlliiertenMuseum e. V., Berlin
Sabine Ambrosius, Potsdam
Sieglinde Amler-Freiberger, Freiburg i. Br.
Dr. Vera Ammer, Euskirchen
Amt für Geoinformationswesen der Bundeswehr, Euskirchen
Amtsgericht Dresden
Arbeitsgemeinschaft ehemals verfolgter Sozialdemokraten (AvS), Berlin
Manon Andreas-Grisebach, Ferndorf
Archiv der Forschungsstelle Osteuropa an der Universität Bremen
Archiv des Föderalen Dienstes für Sicherheit der Russischen Föderation (FSB), Moskau
Archiwum Pánstwowe w Gorzowie, Gorzów Wielkopolski
Archiwum Pánstwowe w Koszalinie, Koszalin
Dr. Klaus Arlt, Potsdam
Galina Atmashkina, Moskau
Aufbau Verlag, Berlin
Prof. Dr. Hans Günter Aurich, Marburg
Hans Bach, Potsdam
Prof. Dr. Jörg Baberowski, Humboldt-Universität zu Berlin
Günther Ball, Neubrandenburg
Jürgen Barthelmes, Leipzig
Heinz Bauer, Delmenhorst
Bayerisches Hauptstaatsarchiv, München
Bayerisches Staatsministerium für Umwelt und Gesundheit, München
Bayerisches Staatsministerium für Wirtschaft, Infrastruktur, Verkehr und Technologie, München
Edwin Bechstein, Bergisch-Gladbach
Wolfgang Becker, Xanten
Margit Beier, Berlin
Piero Bellentani, Berlin
Hans Berger, Töging
Dr. Iris Bernd, Potsdam
Peter Bernhardt, Potsdam
Regina Bertram, Vechta
Lieselotte Betzner, Bonn
Michael Bienert, Potsdam
Oleksandra Bienert, Berlin
Ernst-Günther Bluszcz, Berlin
Beate Bolz, Berlin
Margot Bonk, Potsdam
Ulf Böttcher, Potsdam
Karin Boulahrout, Linsengericht OT Großenhausen
Brandenburgisches Landesamt für Denkmalpflege und Archäologisches Landesmuseum, Zossen-Wünsdorf
Brandenburgisches Landeshauptarchiv, Potsdam
Sybille Brückner, Hannover
Wolfgang Brune, Brune Architekten, München
Der Bundesbeauftragte für die Unterlagen des Staatssicherheitsdienstes der ehemaligen Deutschen Demokratischen Republik (BStU), Berlin
Bundesanstalt für Immobilienaufgaben, Potsdam
Bundesarchiv, Berlin
Bundesarchiv, Koblenz
Bundesarchiv, Ludwigsburg/Zentrale Stelle der Landesjustizverwaltungen zur Aufklärung nationalsozialistischer Verbrechen
Bundesarchiv, Abteilung Bildarchiv, Koblenz
Bundesarchiv, Abteilung Filmarchiv, Berlin
Bundesarchiv, Abteilung Militärarchiv, Freiburg
Bundeseisenbahnvermögen, Dienststelle Ost, Personalaktenarchiv, Berlin
Bücherstadt-Tourismus GmbH, Zossen-Wünsdorf

Bundesstiftung zur Aufarbeitung
    der SED-Diktatur, Berlin
Jutta Busch, Hannover
Ingrid Bußberg, Bonn
Helga Chmielewski, Bochum
Klaus Christopher, Potsdam
Paul Cohen, Amsterdam
Sergej Dawydow, Moskau
Elli Decker, Immerdingen
Ursula Dehmel, Berlin
Gabriele Denecke, Berlin
Horst Dettmann, Potsdam
Deutsche Blindenstudienanstalt, Marburg
Deutsche Botschaft Kiew
Deutsche Dienststelle (WASt) für die Benachrichtigung der nächsten Angehörigen von Gefallenen der ehemaligen deutschen Wehrmacht, Berlin
Deutsche Kinemathek – Museum für Film und Fernsehen, Fotoarchiv, Berlin
Deutscher Blinden- und Sehbehindertenverband e. V., Berlin
Deutsches Historisches Institut, Moskau
Deutsches Historisches Museum, Berlin
Deutsches Museum, München
Deutsches Museum Archiv, München
Deutsch-Russisches Museum Berlin-Karlshorst
Dokumentations- und Informationszentrum Torgau
Dokumentationsstelle Widerstands- und Repressionsgeschichte in der NS-Zeit und der SBZ/DDR, Dresden
Dr. Helmut Domke, Potsdam
Heike Dommnich, Gussow
Ulrike Dörr, Stahnsdorf
Dr. Thomas Drachenberg, Brandenburgisches Landesamt für Denkmalpflege und Archäologisches Landesmuseum, Zossen-Wünsdorf
Frank Drauschke, Facts & Files, Historisches Forschungsinstitut Berlin
DRK-Suchdienst, München
William Durie, Berlin
Uta Eichhorst, Potsdam
Christiane Emrich, Buchschlag
Peter Erler, Berlin
Helmuth von Estorff, Menden-Oesbern
Wilhelm von Estorff, Dortmund
Evangelische Frauenhilfe in Brandenburg e. V., Potsdam

Evangelische Frauen in Deutschland e. V., Hannover
Evangelisches Landeskirchliches Archiv Berlin-Brandenburg, Berlin
Evangelisch-Kirchlicher Hilfsverein, Potsdam
Marion Evers, Bremen
Facts & Files, Historisches Forschungsinstitut Berlin
Norbert Felbel, Geschichte und Kultur in Dallgow-Döberitz e. V.
Feuerwehr Fürstenwalde
Karin Fiedler, Erdingen
Manfred Flade, Großräschen
Nicholas Fisher, Sydney
Dr. Jan Foitzik, Institut für Zeitgeschichte, München – Berlin
Förderverein „Freunde der Bücherstadt Wünsdorf e. V.", Zossen-Wünsdorf
Förderverein Garnisonsmuseum Wünsdorf e. V.
Jürgen Franke, Großhain
Friedrich-Ebert-Stiftung/Archiv der sozialen Demokratie, Bonn
Karin Frieß, Kleinostheim
Familie Fürstenberg, Potsdam
Helga Gäbel, Berlin
Christine Gäde, Karlsruhe
Jörg Gäde, Karlsruhe
Horst Gärtner, Potsdam
Gedenkstätte Buchenwald, Weimar
Elinor Gehrke, Berlin
George C. Marshall Foundation, Lexington
Prof. Dr. Christian Gerlach, Universität Bern
Gramann und Schwieger GbR, Potsdam
Marion Grau, Falkenberg
Gedenkstätte Bautzen
Gedenkstätte Berlin-Hohenschönhausen
Gedenkstätte der Geschichte der politischen Repression „Perm-36", Kutschino
Gedenk- und Begegnungsstätte ehemaliges KGB-Gefängnis e. V., Potsdam
Gedenkstätte und Museum Sachsenhausen
Roswitha Geiser, Radolfzell am Bodensee
Igor Gerus, Chmelnizki
Suse Globisch-Ahlgrimm, Potsdam
Dr. Bettina Greiner, Berlin
Hana Grewe, Potsdam
Maria Gronostay, Berlin
Klaus Grothe, Düsseldorf

Danksagung und Leihgeberverzeichnis

Ernst Günther, Dresden
Johanna H., Bad Camberg
Brigitte Häberlein, Soest
Tamara Hammel-Thiel, Berlin
Rudolf Harenberg, Hörsingen
Hauptarchiv der von Bodelschwinghschen Anstalten, Bethel
Jörg Heinrich, Kelkheim
Enrico Heitzer, Berlin
Klaus Hellenthal, Potsdam
Elisabeth Hermes, Gelsenkirchen
Albrecht Herrmann, Heimatverein Geltow e. V.
Jeanette Herrman, Lehnin
Rüdeger Udo von Hertzberg, Potsdam
Dieter Hildebrand, Tharandt
Uwe Hildebrand, Dresden
Dr. Andreas Hilger, Helmut-Schmidt-Universität/ Universität der Bundeswehr Hamburg
Historisches Museum Domherrenhaus e. V., Verden
Historisches Staatsarchiv Lettlands, Riga
Barbara Hoffmann, Herford
Bastian Hoffmann, Potsdam
Klaus Hoffmann, Berlin
Jens Hunger, Potsdam
Dorothe Hüttner, Flechtingen
Hagen Immel, Potsdam
Internationaler Suchdienst (ITS), Bad Arolsen
Wladimir Jartsew, Oud-Turnhout
Thomas John, Eschborn
Paul Juche, Potsdam
Justizvollzugsanstalt Brandenburg an der Havel
Prof. Dr. Stefan Karner, Karl-Franzens-Universität Graz
Waltraud Kels, Köln
Regina Kermeß, Kiel
Ulrich Kilger, Bonn
Jörg Kirchstein, Potsdam
Friedrich Klausch, Mainz
Magda Kleinz, Berlin
Klio – Gesellschaft für historische Recherche und Bildung, Berlin
Christa Knebel, München
Hartmut Knitter, Potsdam
Hellmut Koch, Würzburg
Volker Koos, Rostock
Kreisarchiv Landkreis Anhalt-Bitterfeld, Köthen/Anhalt
Kreisarchiv Landkreis Wartburgkreis, Bad Salzungen
Kreisarchiv Landkreis Barnim, Eberswalde
Kreisarchiv Landkreis Dahme-Spreewald, Luckau
Kreisarchiv Landkreis Oder-Spree, Beeskow
Kreisarchiv Landkreis Mansfeld-Südharz, Sangerhausen
Kreismuseum Grimma
Griseldis Kreißl, Karlsfeld
Stefan Krikowski, Berlin
Andreas Krüger, Dallgow-Döberitz
Kunstmarkt-Archiv Helmut Schöll, Potsdam
Karin Kutzbach, Herzebrock-Clarholz
Hartmut Kurtze, Stadtroda
Landesamt zur Regelung offener Vermögensfragen/ Landesausgleichsamt, Berlin
Landesamt zur Regelung offener Vermögensfragen, Landesdirektion Dresden
Landesarchiv Berlin
Landesarchiv Schleswig-Holstein, Schleswig
Landesvermessung und Geobasisinformation Brandenburg, Potsdam
Landeshauptarchiv Sachsen-Anhalt, Magdeburg
Landgericht Leipzig, Bibliothek/Alt-Archiv, Leipzig
Landratsamt Wartburgkreis, Bad Salzungen
Ute Lange, Stiftung Sächsische Gedenkstätten, Dresden
Ellen Lansemann, Potsdam
Nina Leonhard, Berlin
Andreas Levers, Potsdam
Joachim Liebe, Potsdam
Matthias Littwin, Potsdam
Lenore Lobeck, Schwarzenberg
Michael Lunberg, Potsdam
Lutherstadt Wittenberg, Städtische Sammlungen
Mahn- und Gedenkstätte Ravensbrück
Wolfgang Mallwitz, Bad Fallingbostel Dorfmark
Märkische Allgemeine, Potsdam
Günter Martins, Pieskow
Mathias Marx, Schwielowsee
Rosemarie Marx, Wustermark
Peggy May, Dresden
Reinhard Meerwein, tecton GmbH, Berlin
Kerstin Meier, Oberkrämer
Kurt Melsa, Hannover
MEMORIAL Deutschland e. V., Berlin
MEMORIAL, Moskau
MEMORIAL, St. Petersburg

Tilo Meuser, Potsdam
Hans-Peter Michalske, Potsdam
Militärgeschichtliches Forschungsamt (MGFA), Potsdam
Andreas Mix, Berlin
Günther Mord, Fürstenwalde
Benedict Maria Mülder, Berlin
Gerda Müller, Rotenburg
Dr. Klaus-Dieter Müller, Stiftung Sächsische Gedenkstätten, Dresden
Kurt Müller, Potsdam
Museo Teatrale alla Scala, Mailand
Museen Alte Bischofsburg, Wittstock
Museum und Galerie Falkensee
National Archives and Records Administration, Washington
Waltraud Neubert, Klingenthal
Neue Zürcher Zeitung, Archiv
Peter Neusser, München
Christoph Néy, Potsdam
Jörg Nicklaus, Annaberg-Buchholz
Niedersächsische Staats- und Universitätsbibliothek, Göttingen
Marlene Nielsen, Lafayette
Niels Nielsen, Lafayette
Oderlandmuseum Bad Freienwalde
Johannes Oesterhelt, Radebeul
Erik-Jan Ouwerkerk, Berlin
Guntram Paichert, Lüdinghausen
Gerhard Penzel, Weyhe
Dr. Nikita Petrow, Moskau
Potsdamer Neueste Nachrichten
Cornelia Petzold, Schönefeld
Prof. Dr. Dieter Pohl, Alpen-Adria-Universität Klagenfurt
Polizeipräsident in Berlin, Stab des Polizeipräsidenten
Gisela Potente, Berlin
Potsdam Museum
Uta Pöller, Leipzig
Francis Gary Powers, Jr., The Cold War Museum, Vint Hill
Almuth Püschel, Potsdam
Klaus-Dieter Radziejewski, Berlin
Birgit Ragotzky, Kleinmachnow
Dietrich Ramlow, Berlin
Egon Rassmus, Kiel
rbb media GmbH, Potsdam

Frank Reich, Potsdam
Diethild Richter, Münster
Dr. Ellen Richter, Berlin
Rudi Richter, Düsseldorf
Dr. Andrea Riedle, Berlin
Dr. Klaus-Peter Robiné, Leipzig
Gunter Rodemerk, Potsdam
Dr. Felix Römer, Johannes Gutenberg-Universität zu Mainz
Svea Ruhtenberg, Nacka
Russisches Staatliches Militärarchiv (RGWA), Moskau
Russisches Staatsarchiv für Film- und Fotodokumente (RGAKFD), Krasnogorsk
Carmen Rust, Sandersdorf/Brehna
Horst S., Dransfeld
Anna Sacharowa, Berlin
Alexej Safronow, Jewpatorija
Erika Sagert, Frankfurt am Main
Gerhard Salz, Berlin
Vera Sarkamm, Osnabrück
Prof. Dr. Silke Satjukow, Otto-von-Guericke-Universität Magdeburg
Sächsisches Staatsarchiv, Staatsarchiv Leipzig
Stefan Schalinski, Potsdam
Christopher Schalinski, Potsdam
Hans-Joachim Schalinski, Potsdam
Marie-Luise Schalinski, Potsdam
Petra Scheibe, Ludwigsburg
Jelena Schemkowa, MEMORIAL, Moskau
Dr. Elke Scherstjanoi, Institut für Zeitgeschichte, München–Berlin
Vera Schieckel, Berlin
Anneliese Schildmann, Bielefeld
Hermann Schlüter, Potsdam
Günter Schmidt, Potsdam
Karl-Heinz Schommler, Berlin
Burkhard Schöttler, Bad Säckingen
Georg Schönharting, Berlin
Günter Schulz, Lingen
Irmgard Schwabe, Sandersdorf/Brehna
Heinz Schwollius, Stuttgart
Peter Seele, Potsdam
Peter Sichel, New York
Lore Siebert, Danndorf
Jürgen Sieg, Erfurt
Iveta Skinke, Riga
Staatsarchiv Bremen

Danksagung und Leihgeberverzeichnis

Staatsarchiv Hamburg
Staatsarchiv Nürnberg
Staatsarchiv der Russischen Föderation (GARF), Moskau
Stadtarchiv Braunschweig
Stadtarchiv Cottbus
Stadtarchiv Dresden
Stadtarchiv Düsseldorf
Stadtarchiv Eisenach
Stadtarchiv Hanau
Stadtarchiv Ingelheim am Rhein
Stadtarchiv Jüterbog
Stadtarchiv Leipzig
Stadtarchiv Mannheim
Stadtarchiv Naumburg
Stadtarchiv Neubrandenburg
Stadtarchiv Potsdam
Stadtarchiv Radebeul
Stadtarchiv Schwerin
Stadtarchiv und Landesgeschichtliche Bibliothek Bielefeld
Stadt Potsdam, Bürgerservice
Stadt Potsdam, Kataster und Vermessung
Andreas Statt, Katholische Propsteigemeinde St. Peter und Paul Potsdam
Friedemann Steinhausen, Potsdam
Lore Stevens, Stuttgart
Stichting Holländerei Amersfoort
Stiftung Deutsch-Polnische Aussöhnung, Warschau
Stiftung Preußische Schlösser und Gärten Berlin-Brandenburg, Potsdam
Stiftung Sächsische Gedenkstätten, Dresden
Heike Stöhr, Hamburg
Norbert Stritter, Berlin
Martina Swars, Berlin
Swedish National Archives, Stockholm
Katharina Syllwasschy, Bochum
Wolfgang Teichert, Lieberose
Ruth Teschner, Bonn
Theodor Fontane Grundschule, Bad Freienwalde
Hans-Jürgen Thiede, Barsinghausen
Roland Thimme, Meckenheim
Helmut Tisch, Quickborn
Claudia von Treichel, Bremen
Dagmar von Treichel-Mirbach, Bruchhausen-Vilsen
Hans von Treichel-Mirbach, Bruchhausen-Vilsen
Richard Thüm, Wusterwitz
Matthias Trommer, Potsdam
Alexandr Udatschin, Moskau
Dr. Matthias Uhl, Moskau
Jörg Ullmann, Berlin
University Archives, Duke University, Durham, North Carolina
The University of North Carolina at Chapel Hill
Untere Denkmalschutzbehörde, Potsdam
Jean Urwich, München
Gudrun Vaupel, Königswinter
Johanna Vetter, Greifswald
Dieter Wächter, Potsdam
Renate Walter-Herrnkind, Potsdam
Hans Walther, Göttingen
Ulf Walther, Mühlhausen
Beate Wätzel, Potsdam
Ruth Weigelt, Potsdam
Liesbeth Weimann, Solingen
Xenia Weimann, München
Markus Wicke, Potsdam
Siegfried Wiegel, Münster
Renate Wildenhof, Berlin
Edeltraut Wilke, Buxtehude
Eckard Wille, Hamburg
Alfred Winger, Stadtprozelten
Dietmar Winkel, Circusarchiv Berlin
Ernst-Friedrich Wirth, Köln
Hannes Wittenberg, Potsdam
Günter Wojnar, Potsdam
Maritta Wojtech, Erdingen
Anneliese Wolf, Kleinostheim
Familie Wolf, Herford
Siegmund Worg, Trebnitz OT Könnern
Peter Wybierek, Kevelaer
Sofija Yalovetskaja, Potsdam
Eva Margarete Zehms, Deggendorf
Zentraldienst der Polizei des Landes Brandenburg, Kampfmittelbeseitigungsdienst, Kummersdorf/Gut
Zentralmuseum der Streitkräfte, Moskau
Zentrum für Zeithistorische Forschung, Potsdam

Impressum

Sowjetisches Untersuchungsgefängnis Leistikowstraße Potsdam

Eine Ausstellung der Stiftung Gedenk- und Begegnungsstätte Leistikowstraße Potsdam in der Treuhänderschaft der Stiftung Brandenburgische Gedenkstätten

Projektleitung:	Dr. Ines Reich, Maria Schultz
Ausstellungsgestaltung:	Gerhards & Glücker, Berlin, Prof. Carsten Gerhards, Andreas Glücker, Jan-Patrick Bastian
Wissenschaftliche Mitarbeit:	Dr. Marlies Coburger, Iris Hax, Alexander Heinert, Dr. Natalja Jeske, Sebastian Nagel, Dr. Ines Reich, Maria Schultz
Recherchen:	Bettina Altendorf, Galina Kusnezowa, Dr. Winfried Meyer, Dina Nochotowitsch, Claudia Opitz, Dr. Nikita Petrow, Bianca Schröder, Melanie Schwarzlose, Dr. Iveta Skinke
Redaktion:	KLIO – Gesellschaft für historische Recherche und Bildung, Berlin, mediumText, Beate Fischer, Potsdam
Exponatverwaltung, Leihverkehr:	Jana Braun, Judith Granzow, Anja Matulla, Mara Weiß
Ausstellungssekretariat:	Christiane Großkopf, Antje Hillebrand

Begleitung durch die Gremien der Stiftung Gedenk- und Begegnungsstätte Leistikowstraße Potsdam:

Kuratorium:	Staatssekretär Martin Gorholt, Ministerialdirektorin Dr. Ingeborg Berggreen-Merkel, Prof. Dr. Günter Morsch, Pfarrer i. R. Reinhart Lange
Beirat:	Prof. Dr. Bernd Faulenbach, Horst Jänichen, Dr. Anna Kaminsky, Dr. Hubertus Knabe, Gisela Kurze, Dr. Maria Nooke, Prof. Dr. Martin Sabrow, Bodo Platt, Ulrike Poppe, OKR Martin Vogel
Faksimile:	Sanne Jaeger, Grafik & Trick, Berlin, Hagen Immel, Potsdam
Restaurierung:	Gramann & Schwieger GbR, Potsdam, Astrid Will, Berlin, Stiftung Preußische Schlösser und Gärten Berlin-Brandenburg
Übersetzungen:	Gabriel Fawcett, Scott Kleager, Dr. Natalja Jeske, Elena Müller, Dr. Ellen Richter, Susanne Konschak, Ekaterina Kerner, Iwan Kulnew, Irina Malanina, Elisabeth Bürger
Ausstellungsbau:	Barth Innenausbau KG, Brixen
Ausstellungsgrafik:	Eicher Werkstätten GmbH & Co. KG, Kernen im Remstal
Objekteinrichtung:	Thomas Fißler & Kollegen, Niederschöna
Ausstellungstypografie:	Gerhards & Glücker, Berlin, Prof. Carsten Gerhards, Andreas Glücker, Jan-Patrick Bastian, e o t, Berlin, Lilla Hinrichs, Anna Sartorius
Mediengestaltung:	Gerhards & Glücker, Berlin, Prof. Carsten Gerhards, Andreas Glücker, Giuseppe Vitucci, Frey Aichele Team, Berlin
Zeitzeugeninterviews, Filmaufnahmen und Hörstationen:	Frey Aichele Team, Berlin, Iris Hax, Dr. Natalja Jeske, Dr. Ines Reich, Maria Schultz
Bronzemodell:	Kunstgießerei Flierl, Berlin

IMPRESSUM

Verurteilt. Verschleppt. Verschwiegen.
Erweiterung der Dauerausstellung „Sowjetisches Untersuchungsgefängnis Leistikowstraße Potsdam", 2019

Projektleitung:	Maria Schultz
Kuratorin:	Iris Hax
Ausstellungs- und Medienplanung:	Tatwerk, Berlin, Stefan Blaas, Daniel Finke, Valentina Torrado
Medienprogrammierung:	Finke media GmbH, Berlin
Ausstellungsgrafik:	Kyra Porada
Medientechnik:	Setis GmbH

Begleitung durch die Gremien der Stiftung Gedenk- und Begegnungsstätte Leistikowstraße Potsdam

Kuratorium:	Maria Bering, Dr. Axel Drecoll, Peter Leinemann, Reiner Walleser (Vorsitzender)
Beirat:	Margot Bonk, Prof. Dr. Bernd Faulenbach, Prof. Dr. Jörg Ganzenmüller, Anke Giesen, Friedrich Klausch, Dr. Sabine Kuder, Dr. Maria Nooke, Gisela Rüdiger, OKR Martin Vogel (Vorsitzender), Dr. Irmgard Zündorf
Ausstellungssekretariat:	Antje Hillebrand
Faksimiles und Objekteinrichtung:	Sanne Jaeger, Grafik & Trick, Berlin
Übersetzungen:	Wayne Yung (Englisch), Dr. Natalja Jeske (Russisch)
Ausstellungsbau:	Büchner Möbel GmbH, Reichenbach
Grafikproduktion:	Radebeuler Machwerk e.K.

Die Ausstellung wurde gefördert vom Beauftragten der Bundesregierung für Kultur und Medien aufgrund eines Beschlusses des Deutschen Bundestages, vom Ministerium für Wissenschaft, Forschung und Kultur des Landes Brandenburg sowie der Ostdeutschen Sparkassenstiftung gemeinsam mit der Mittelbrandenburgischen Sparkasse. Die Ausstellungserweiterung 2019 finanzierten die Beauftragte der Bundesregierung für Kultur und Medien und das Ministerium für Wissenschaft, Forschung und Kultur des Landes Brandenburg.

Wir danken allen ehemaligen Häftlingen und ihren Angehörigen für die engagierte Unterstützung und Übergabe oft sehr persönlicher Dokumente, Fotos und Erinnerungsstücke. Ohne sie und weitere Leihgeber hätte die Ausstellung nicht realisiert werden können. Wir danken unseren Interviewpartnern, die sich der Mühe der Erinnerung ausgesetzt haben. Ehemalige Häftlinge, der Evangelisch-Kirchliche Hilfsverein, Memorial Deutschland e. V. und der Verein Gedenk- und Begegnungsstätte Ehemaliges KGB-Gefängnis Potsdam e. V. engagierten sich seit 1994 für den Erhalt des Hauses. Seit der Gründung der Stiftung Gedenk- und Begegnungsstätte Leistikowstraße Potsdam im Jahr 2008 begleiten die Gremien der Stiftung die Entwicklung der Einrichtung. Wir danken ihnen allen für die Unterstützung dieser Ausstellung. Aus konservatorischen Gründen werden Dokumente und Fotos als Faksimile gezeigt.

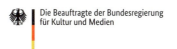